ゴキゲンめいちゃん森にくらす

のりぼう　りか・さく
さげさかのりこ・え

コスモス・ライブラリー

ゴキゲンめいちゃん　森にくらす

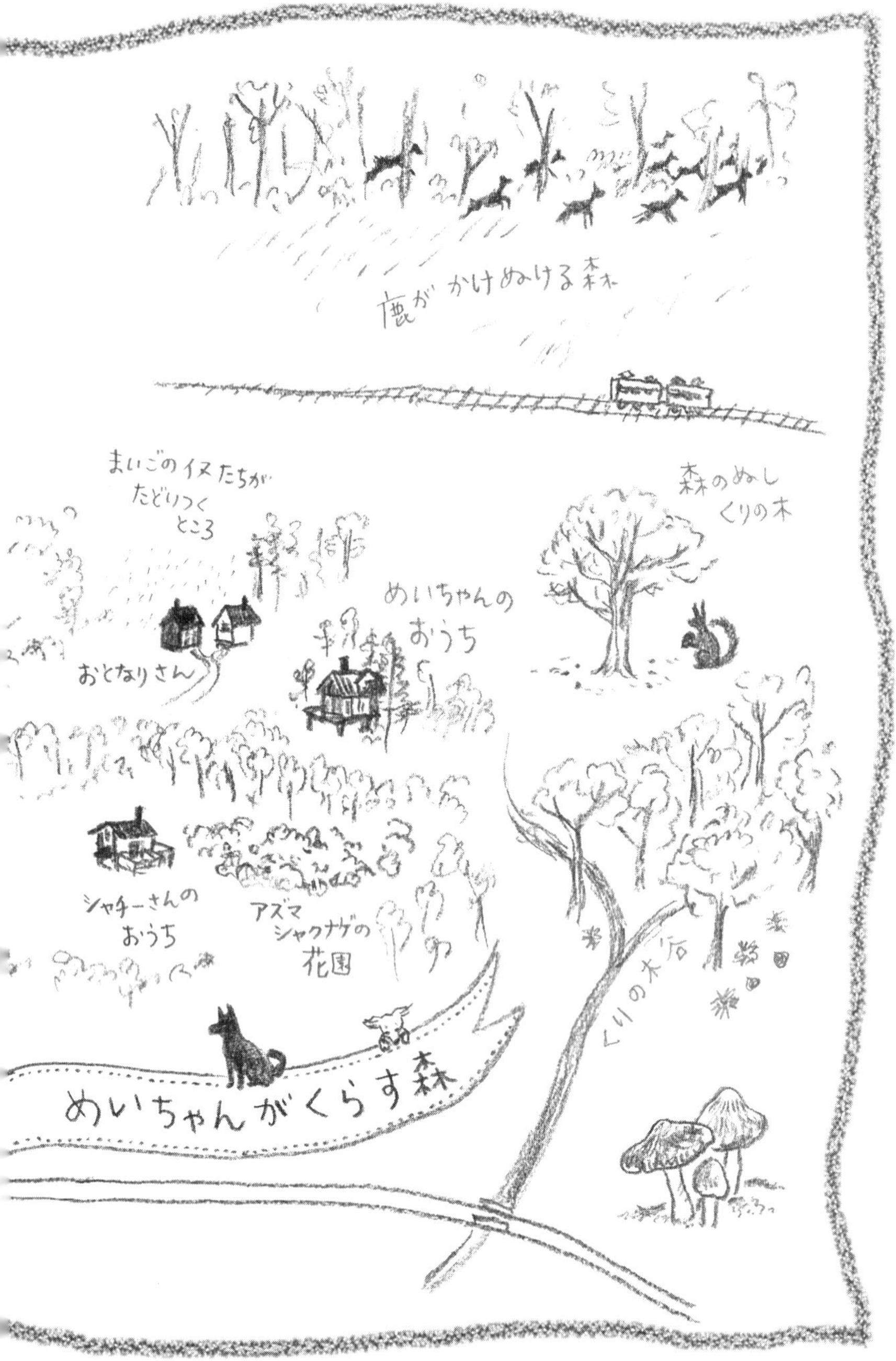
鹿がかけぬける森
まいごのイヌたちが
たどりつく
ところ
森のぬし
くりの木
めいちゃんの
おうち
おとなりさん
シャチーさんの
おうち
アズマ
シャクナゲの
花園
くりの木道
めいちゃんがくらす森

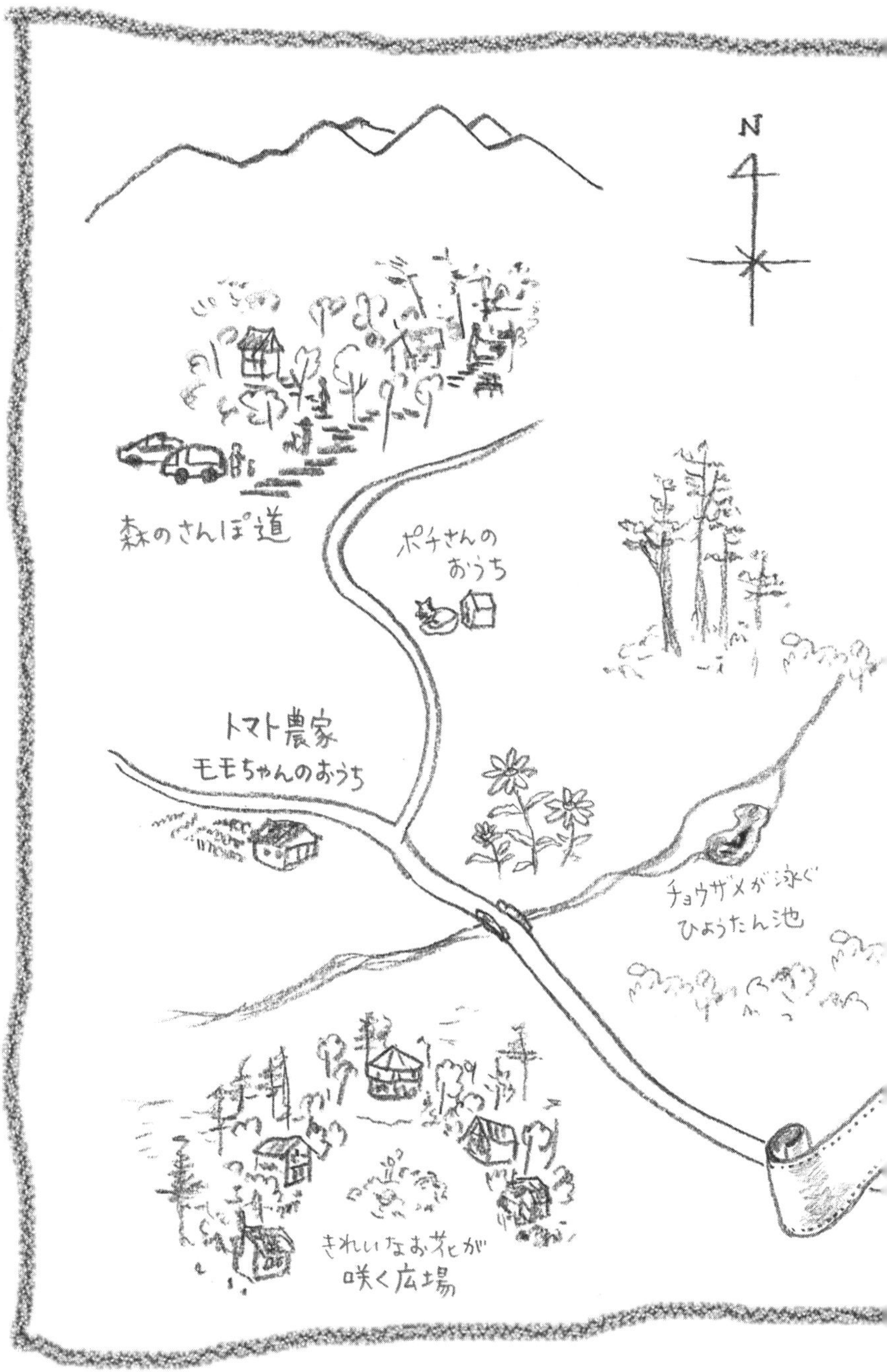
N
森のさんぽ道
ポチさんのおうち
トマト農家
モモちゃんのおうち
チョウザメが泳ぐ
ひょうたん池
きれいなお花が
咲く広場

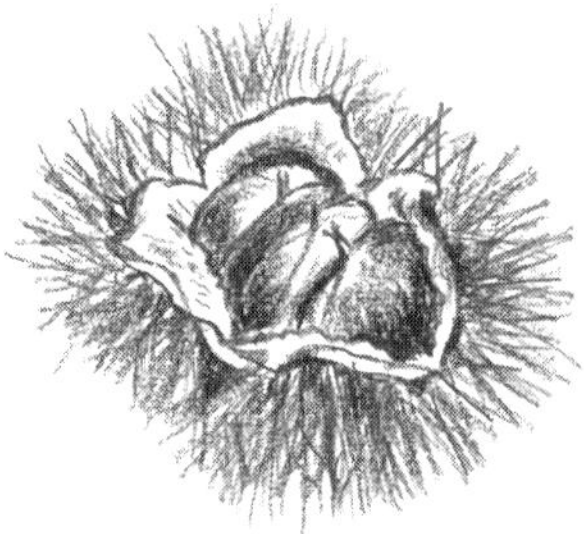

装画・挿画：さげさかのりこ

はじまり

あたしの名前はめい。
生まれてすぐ、ヌクヌクいっしょにくっついてたきょうだいたちが、つぎつぎともらわれていって、あたしだけがひとり残された。それから、行き場をなくしたイヌやネコがいっぱいいるところへ連れていかれた。あたしは、からだがまっ黒だから、クロって呼ばれてた。

ある、お天気のいい日、広場の冷たいコンクリートの上にねそべっていると、からだが急に宙に浮いた。
「それでは、このコを連れて帰ります。た

いせつにしますから」

ってい う声がきこえた。

その人のうでのなかは、とってもあたたかかった。こうして、あたしは母ちゃんと父ちゃんにもらわれてきたんだ。

うちに来たばかりのころは、だっこをせがんでよくないて、母ちゃんと父ちゃんを困らせた。めい、って名前は、五月にもらわれてきたから。あたしは、この名前がけっこう気に入ってる。

うちにはもうひとり、ゆき姉ちゃんがいる。ウルトラびびりケンで、あたしが来るまで、ひとりでさんぽができなかったんだ。ゆき姉ちゃんがそうなったのには、それなりのわけがある

んだけど、いまここでそれを話すのはやめとくよ。話がしめっぽくなっちゃうからね。ただ、ゆき姉ちゃんは、とってもつらいおもいをしてきた、ってことだけは覚えといてね。とにかく、うちのなかにいても、父ちゃんが椅子から立ちあがっただけで、ビクッとして、あわてて自分のおふとんに逃げ帰っちゃうくらいなんだ。このウルトラびびりに困りはてた母ちゃんと父ちゃんが、なやんだ末に考えついたのは、きょうだいがいれば、このびびりもちょっとはよくなるんじゃないか、ってことだった。そして、えらばれたのがあたしだった。だから、あたしには大きなミッションがあったってわけ。エッヘン！

ゆき姉ちゃんの、ゆき、って名前は、アニメの「ハイジ」にでてくるユキちゃんがピョンピョンはねる姿に似てるからなんだって。ゆき姉ちゃんて、とびはねるくせがあるんだ。あたしがまっ黒で、ゆき姉ちゃんがまっ白。

「白黒コンビですね」って、よく言われるんだ。

べつに、コンビじゃないんだけどね、お笑い芸人ってわけじゃないし。あたしたちの動きが、いつもシンクロしているって言って、母ちゃんは「シンクロコンビ」って呼んでる。一字ちがいだね。

あたしがこのうちに来たとき、年寄りのネコもいっしょにくらしてた。でも、あらしの晩に死んじゃったんだ。このネコを母ちゃんたちは、ミルゥちゃん、って呼んでた。妖怪ネコマタになれるくらい長く生きていて、女王さまのようにえらそうだった。あたしのことも、「この小娘が！」って目で見てたよ。死ぬすぐ前まで自分の力でトイレに行こうとして、ヨロヨロしながら歩いてた。やせ細って、かたほうの目が見えなくなっていたけど、最後まで「だれの世話にもならないよ！」っていうほこりをもっていた。夜なかに、母ちゃんと父ちゃんに見守られて、ひと声大きくないて向こうに行っ

ちゃった。いまでも、ときどき部屋のひだまりで、丸くなってコックリコックリしてるよ。

あたしたちが住んでるのは、とっても高い山のふもとだよ。その山の深い谷すじには、木々のみどりがこくなりはじめたあとも長いあいだ、まっ白な雪が残っているのが見えるんだ。おひさまがカッと照りつけるころになっても、ここはすずしくてカラッとかわいていて、気持ちいいよ。あたしはまっくろくろだから、おひさまの暑いひざしが大のにがて。そんなあたしには、ここは、ありがたいところなんだ。晴れた日には、一日デッキに出てねそべってる。すぐ近くに、みきの白い木が並んで枝をたくさんのばしているから、おひさまの光が葉っぱを通って、やわらかくふりそそぐ。ひんやりとした風が、さわさわと森をぬけてきて、葉っぱをゆらすよ。

きょうも、ゆき姉ちゃんはデッキに出ようかどうしようか迷って、うろうろしてる。父ちゃんは、長椅子にねっころがって、読んでた本をわきに落っことして、いびきかいて、幸せそうにねている。母ちゃんは、ふるぼけた紡ぎ車を出してきて、カラコロカラコロ糸紡ぎをやっている。

森でくらしていると、おもしろいことやふしぎなことがたくさん起きるんだ。そんなことを、これからいろいろお話するね。

母ちゃんと父ちゃん

母ちゃんは、トウキョウっていう人が山ほどいるらしい大きなまちで生まれたんだって。ヨツヤとかいったかな。よく自分は江戸っ子だからヤボはきらいだよ、って言ってる。母ちゃんは、つぎからつぎにポンポンしゃべる。だから、父ちゃんは何度もききなおすよ。そして父ちゃんが、

「えーと、あのー、あれ、なんだっけー」なんて言ってると、

「あーもう、まいてまいて。まどろっこしいなあ」

って言って、けっきょく父ちゃんが言おうとしてたことを、母ちゃんがぜんぶ先に言っちゃうよ。


父ちゃんは、ナガノっていうところで生まれたんだって。ゼンコウジさんとかいう、ふるーいお寺のすぐ近くで育ったらしいよ。父ちゃんのうちは、代々そのお寺の宮大工の棟梁《とうりょう》をつとめていたんだって。父ちゃんは、それがちょっとばかりじまんらしいけど、父ちゃんは、くぎ一本まともに打てないくらいぶきようなんだ。母ちゃんが、

よく言ってる。

「あなた、ほんとに、宮大工棟梁の末えい？　いったい、その血はどこへ消えちゃったの」ってね。

血といえば、あたしには、赤石山脈っていう、高い山のなかをかけ回っていた山イヌの血が流れているんだ。人は「甲斐《かい》イヌ」とか呼んでるみたい。だから、あたしは狩りが得意なんだ。

母ちゃんは、ふだんはパソコンとかいう四角い板の前でカチャコチョなんかやってるよ。
どこか遠い国から、ふるぼけた布きれみたいなものを山ほど取り寄せて、それを売ってるらしい。毎日たくさんの布きれを、きれいに並べて写真とっては、あのへんな板の前でカチャコチョやって、にづくりしてはトラックでやってくるおにいちゃん

に渡してる。うちに来るおにいちゃんは何人かいるけど、あたしが好きなのは、背が高くてかっこいいおにいちゃん。この人が来ると、タイヤの音ですぐわかるから、いつも母ちゃんに知らせてあげるんだ。

母ちゃんは、いろんなふるーいものを探し出してくる名人。怪しげなものしか売ってないようなガラクタ市場に行っても、布やかごのほうから、「あたしはここにいるよー」って呼んでくれるらしいよ。近ごろは、ジョウモンにむちゅうで、はるかなむかしにつくられた石笛を見つけてきて、いっしょうけんめい吹いてる。うすみどりの、すきとおった冷たい石でできている笛なんだ。

「これで、鹿や鳥たちを呼ぶのよ」なんて言ってる。

なかなか音は出なかったんだけど、母ちゃんは自分を信じているから、毎日吹いているうちに、ちょっとずつだけど出るようになった。ピューイピューイっていう高い音で、それをきいていると、なんだかフワフワした気分になってくるんだ。そうやって、母ちゃんがデッキで吹いてたらね、いろんな鳥たちがむれをなしてどんどんやってきた。このあいだも、鹿の親子が庭に来たよ。これがほんとに、この笛のせいなのかどうかはわからないけど、この石笛にはふしぎな力があるみたいだね。そして、それをあやつる母ちゃんは、ひょっとしたらジョウモンジンなのかもしれないね。

父ちゃんは、さっき言ったトウキョウってまちに行って仕事をしているらしいよ。そこには、大きな学校とかいうものがいくつもあって、父ちゃんは、遠い国のコトバを教えているんだって。ときどき、うちに電話がかかってくると

「サバサバ、メルシ、アビヤント」

なんて、フガフガ言ってる。

そういえば、母ちゃんもときどき、かわったコトバをしゃべってるよ。

「チャイマイ、チャイチャイ、トクチャイナ」

って。ふるい布きれにかんけいあるみたいだけど、なんかのおまじないかな？

じつは、あたしは人のコトバがちゃんとわかるんだ。ときどき行く動物病院でも、「このコ、日本語、よくわかってるなぁ！」って、ほめられたんだよ。

でもほんとはね、コトバじゃないんだ。あいての思ってることが、あたしの頭のなかにじかに伝わってくるから、コトバはいらないんだ。こころの声、っていうのかな。母ちゃんたちがテレパシーって言ってるものと、おんなじだと思う。しゃべってるコトバにうそがあると、すぐにわかっちゃうから、そんな人にはついつい、ほえてしまうんだ。人って、こころのなかとちがうことを平気でしゃべるからびっくりするよ。

父ちゃんは、こころの声をきくのがまだちょっとにがてみた

いなんだ。あたしが、

「父ちゃん、さんぽに行きたいよ」って伝えてるのに、

「そうかそうか、めいちゃん、おやつがほしいんだね」

って言って、れいぞうこから、ニボシを出してくるんだ。

「ちがうよ、父ちゃん。さんぽだってば。」

「うん？　まだたりないか。じゃあ、ふんぱつして、もう一本おまけだ！」

「アチャー、こりゃアカン」

って、感じなんだ。でも、まあ、せっかく父ちゃんが出してくれたニボシは、ありがたくいただいとくけどね。

母ちゃんは、あたしが思ってることを、ア・ウンのこきゅうでわかってくれるよ。きっとそのうち、父ちゃんもさんぽとニボシのききわけができるようになるよね。父ちゃんには父ちゃんのペースがあるから、ゆっくり気楽にやるのが一番だね。

母ちゃんには姉ちゃんがひとりいて、ときどき電話をかけてくる。すると、いままであの板の前でカチャコチョやってた母ちゃんが手をとめて、そばに置いてある小さなピカピカの板をパカッと開いて、それに向かってしゃべりだすからびっくりするよ。この姉ちゃんも母ちゃんみたいにポンポンしゃべるから、ふたりでいつまでも話しつづけてる。

こうなると、あたしは仲間はずれにされたみたいでおもしろくない。だから、母ちゃんのそばにいって、

「母ちゃん、いったいいつまで話してるの」

って伝えるんだけど、話はなかなか終わらない。

「ちょっと、もういいかげんにしてよ」

って、あたしはついついほえちゃうんだ。すると、それをききつけた姉ちゃんが母ちゃんに言う。

「ちょっと、めいちゃんとかわってよ」って。

そこで、母ちゃんはあのピカピカの板をあたしの耳もとに近づける。と、そこから姉ちゃんの声がきこえてくる。

「めいちゃん、こんにちは。あいかわらず元気そうね。いまね、あなたのお母さんと大事なお話してるから、もう少しだけ待っててくれるかな。めいちゃん、おりこうだからわかるでしょう?」

それはきっぱりとした言いかたで、さからえない力があるんだ。だからあたしは、ピタリとほえるのをやめて、ベッドに行っててねちゃうんだ。すると姉ちゃんは、

「どう? あたしのイヌ語もたいしたもんでしょう」

って得意になってるらしいよ。

この姉ちゃんがアメリカっていう国に住んでたとき、近所に人間のおとなより大きい黒いイヌがいて、こわがってだれも近づかなかった。だけど、姉ちゃんがそばに行って話しかけたら、その大きなワンコがいきなりひっくりかえって、ヘソ天

おどりをはじめたんだって。それで、まわりにいた人たちはみんなびっくりぎょうてん。そのイヌを連れてた人も、

「アンビリーバボー」

って言ったんだって。

「あたしはイヌどしだからね。姉ちゃんは、イヌ語もわかるのよ」

って言ってるらしいけど、イヌどしっていったいなんなの？　イヌ人間ってことかな？


母ちゃんは、いつも、「これをやりたい！」っていう強い気持ちが、泉のようにこんこんとわき出しているらしいよ。

糸を紡いでそめたり、はた織りをしたり、服をぬったり、針仕事っていうのをよく

やってる。

台所では、くりの実をにたり、ゆずやルバーブのジャムをこしらえたり、梅干しをつくったりしている。

晴れた日には、庭に出て木や花の世話をしたり、小さな畑でジャガイモをつくったり、鳥たちにヒマワリのたねを出したり、石笛を吹いたりしてる。

うちのなかでは、ピアノっていうバカでかい黒いはこのふたをあけては、タンタンたたいたり、大むかしに書かれた本を読んだり、それから、なんか黒いちっちゃなはこに、ピッカピカのまん丸の板を入れたり出したりしてるよ。

そして、へんなじっちゃんがボソボソしゃべるのをきいては、クスクス笑ってる。なんでも、ラクゴとかいうもので、

「やっぱり、えんしょうさんの語りはすごいわ」

なんてよく、ひとりで言ってる。

母ちゃんは、こんなふうに、一日じゅう好きなことをしてくらしている。でもね、いそがしそうにはしていなくて、いつもゆったりとしてるんだ。自分のやりたいことをやって、ゴキゲンなんだね。母ちゃんがゴキゲンだと、ゆき姉ちゃんもあたしもウキウキ楽しくなるし、あたしたちがゴキゲンだと、母ちゃんも楽しそう。ゴキゲンさんて伝わるんだね。

だけど、母ちゃんにもにがてはあるよ。朝早く起きること。おひさまがすっかり顔を出してから、ようやく起きてくる。前は、あたしが起こしてあげたけど、無理に起こされると一日じゅう調子が出ないみたい。だから、いまは母ちゃんが目をさますまで、足もとでじっと待ってるよ。

「うーん、そろそろ、起きなくちゃ…」

って言って、むっくり起きあがった母ちゃんが、

「めいちゃん、おはよう!」

って、にっこり笑う。そうして、すてきな一日がはじまるんだ。

父ちゃんが帰ってくると、あたしはうれしくて、ヘソ天おどりをおどっちゃう。あたしがひっくりかえって、背なかを床にこすりつけてゴーゴーと調子よくおどってると、父ちゃんもいっしょにおどりはじめるよ。「ナーンマーイ、ナーンマーイ…」って、じゅもんのようなものをとなえながら、足をふみ鳴らしておどるんだ。紙でも数えているのかなって思ったけど、ずぅーっとむかしに、国じゅうをホウロウしていた人がはじめたおどりなんだって。

父ちゃんとふたりでおどっていると、おたがいにうれしい気持ちが伝わって、ふたりとももっとうれしくなってきて、ますます楽しく、思いどおりにからだが動きだすよ。

それから、父ちゃんは車をピカピカにみがいたり、お風呂のそうじをしたり、まき運びをしたりして、くたびれると二階にあがってグーグーねてしまうよ。そんなとき

は、あたしもいっしょにねることにしてる。あたしは生まれてすぐ、ほんとうの母ちゃんから引きはなされちゃったから、父ちゃんのお腹のあたりにくっついていると、すごく安心してねむることができるんだ。

　母ちゃんと父ちゃんは、性格がちがうし、生活のリズムもかなりちがう。ときどき考えかたが、まっぷたつにわかれることもあるけど、それでいてふしぎと仲いいよ。ゆき姉ちゃんとあたしみたいにね。

　ふたりとも、あたしたちに「アアしなさい、コウしなさい」ってぜんぜん言わない。ゆき姉ちゃんがさんぽに行けなくて、すごく困っていたとき、母ちゃんがわらにもすがる思いでみつけたのが、「アニマルライツ尊重《そんちょう》のくらしかた」とかいうものだった。「ＱＯＬ＝クオリティー・オブ・ライフ」とかって、むずかしいことはわからないけど、そのおかげでうちにはリーダーなんていなくて、みんなおんなじ仲間としてくらしているよ。

〈クンレン〉とか〈ルール〉とか〈シツケ〉なんてコトバはきいたことない。〈ケージ〉なんてオリもないし、うちじゅう好きなところでねていいし、さんぽのときも、ニオイかぎはやりたいだけできる。「〇〇なワンコにならなきゃ」とか「〇〇ができるようになってほしい」なんていうコトバもきいたことない。

「ゆきちゃんも、めいちゃんも、ありのままが一番だよ」

って、いつも言ってくれるんだ。

でも、あたしたちには、それはあたりまえことなんだ。イヌも人も、鳥も花も、木も石も、だれだってみんな、ありのままで光りかがやいているんだから。

森

あたしたちがくらす森には、天までとどきそうなほど高くて大きな木がいっぱいあるよ。みきがスッと一本太いのや、細くてしげっているのもある。木の肌がスベスベしたのやザラザラしたのもあれば、おもしろいもようになっていたり、ベロベロめくれているようなのもある。葉っぱの形もいろいろあって、それぞれがみんなきれいで元気があって、いいニオイがするよ。

暑さが去って、ひんやりとした風が吹きはじめたある朝、あたしたちが森をさんぽしていると、頭のはるか上のほうから、バチッ、パチッ、っていう大きな音がきこえてくる。なんだろう、と見あげてもなにも見えない。そのうち、森のあちらこちらでおんなじ音がしはじめる。なにかがはじけるような音なんだ。リスも鳥もいないのにふしぎだなぁっと思っていると、またすぐ近くで音がして、こんどは目の前に小さくて

つやつやと光るものがコロコロところがってきた。

「くりの実だわ！」

母ちゃんがうれしそうに言う。

「くりのイガがはじけはじめたわ。今年はくりが豊作になりそうね」

って目をかがやかせているよ。森のくりの木たちがまるで合図を送りあっているみたいに、いっせいに実をふらせはじめるんだ。

夜になって、あたしが母ちゃんの足もとで気持ちよくねむっていると、こんどは屋根の上でトン！コロコロっていう大きな音がして、目がさめてしまう。またまどろみはじめたころ、トンッ！コンッ！カラコロカラコロって続けて音がする。

屋根にかかったくりの枝から実がさかんに落ちてはころがっていく音なんだ。こうなるともう、母ちゃんはそわそわと落ちつかなくなってくる。母ちゃんの楽しみにしているくり仕事がいよいよはじまるからね。

この森には、くりの木がとても多いんだ。近くに、くりの木谷って名前の谷があるくらいだからね。森のくりの実は、お店で売っているくりとはちがって、とっても小さいんだけれど、すごくあまいんだよ。なんでも山ぐりっていうものらしい。実が、たくさん落ちはじめるころになると、母ちゃんたちはもう朝から晩までくりくりくりくり…って、むちゅうになって拾ってるよ。

母ちゃんは、自分をジョウモンジンだと思っているくらいだから、くりだのどんぐりだのとちの実だのになると人がかわってしまう。森の山ぐりも、ジョウモンのころから何度も生まれかわりながら、いままでずっと生き続けている木だって信じてるんだ。くりを拾うときには、たくさん落ちている実のなかから、虫が食ってなくて、大きくふっくらとしていて、ツヤツヤしたのをすばやく見つけ出すよ。さんぽの途中でも、ポケットがいっぱいになるほどつめ込んでいる。あたしは、そんなときはそばでじっと待ってるんだ。母ちゃんは、目の前にころがり出てきたくりの実をほおっておけないみたい。くりの木が、「この実をもって行け」って言ってくれるし、くりの実は、「ねぇ、あたしを拾ってよ」って話しかけてくるんだって。

さんろくには、ジョウモンの村のあとがたくさんあるんだ。ふしぎな渦巻きもようのある、土でつくったうつわが、いまでもときどきほり出されるらしいよ。ジョウモンの村には、あたしみたいなまっ黒なワンコもくらしていて、人を助けていたんだって。ワンコは、たいせつな仲間だったから、お墓も人といっしょだったんだ。あたしも、そのころ母ちゃんといっしょにここでくらしていたのかもしれないね。

父ちゃんはっていうと、

「おれはヤヨイジンだから、くり拾いなんてドンクサイことは、あんまり好きじゃない」

とか言って、いばってるけど、母ちゃんに言われてしぶしぶ拾ってるよ。

「やってみると、あんがいとまらなくなるね」

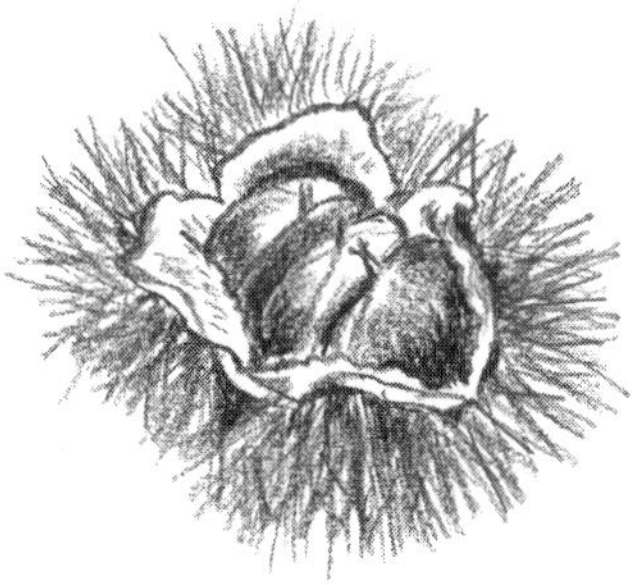

なんて言って、このごろは、けっこう楽しそうに集めているよ。

森のまんなかあたりは谷のようになっていて、そこをちっちゃいけどとってもきれいな小川が流れてる。その近くに、少しあたたかくなってくると、あざやかなみどりの葉っぱがたくさんはえてくるんだ。ゆき姉ちゃんやあたしは、これが大好き。サンロク・サラダバーって、母ちゃんは呼んでる。

やわらかなきみどりの丸いちっちゃなものも、道ばたのあちこちにいっぱい顔を出すよ。フキノトウとかいうもので、母ちゃんたちは、スコップもってうれしそうにとってる。雪がとけはじめるころ、これを見つけると、ちょっとした事件みたいに話すんだ。

「今年最初のフキノトウを見つけたわ」って。

ふくろに山ほど集めたら、これでフキミソっていうものを

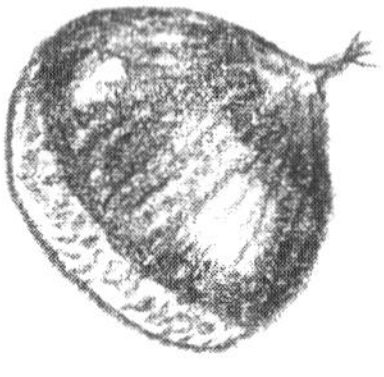

つくるんだ。なぜか、フキミソをつくるのは、父ちゃんの仕事。父ちゃんはそれを、父ちゃんの母ちゃんから教わったんだって。

そのばっちゃんは、一度、うちに遊びにきたことがあったよ。ちっちゃくて、やさしい人だったな。料理がじょうずで、オヤキとかマメミソっていうおやつをつくってくれた。からだにジワッとしみてくる味で、おいしかったよ。けど、残念ながらそのばっちゃんは、ワンコがにがてで、あたしがしっぽをブンブンふってとびついたら、

「だれか、ちょっと、助けてー」

ってさけんで、ひっくりかえりそうになっちゃった。そのあともう来ないから、よっぽどびっくりしたんだね。

で、そのフキミソなんだけど、母ちゃんもこればかりは、

「信じられないけど、このフキミソ、なんとも言えないにがみとあまさのハーモニーが最高よ」

ってほめるもんだから、父ちゃんは、

「あたくしだって、やりゃあ、できるんです。能あるタカはつめかくすってね。みそとさとうと酒の割合にひみつがあるんざーます」

なんて言って、得意になってるよ。

母ちゃんは、このフキノトウで糸をそめたりもする。ほわっとあったかいひざしの色なんだって。むかしは、くすりにもなったらしいんだ。鹿たちもそれを知っていて、まっ先に食べているよ。

この谷の近くには、母ちゃんたちが、森のぬし、って呼んでる大きなくりの木があるんだ。母ちゃんも父ちゃんも、朝夕のさんぽのときには、かならずその木にあいさつしてる。このくりの木が森を守ってるって、母ちゃんたちは信じてる。

ひとかかえもありそうな太い枝が、いくつものびて空をおおってるから、この木の

まわりは、おひさまがカンカン照ってても、いつもうす暗いんだ。ここに来ると、急に空気がかわるのがわかるよ。

母ちゃんとゆき姉ちゃんとあたしの三人でさんぽしているときのことだった。この木の近くまで来たとき、ふと見ると木のかげに白い顔がある。そのヒトはじっとこちらを見ている。母ちゃんが、

「あれ？　あんなところにだれかいる」ってつぶやいたら、

そのヒトはスッと消えちゃった。

「くりの木さんのお友だち」

って、母ちゃんは言ってた。きっとそうだね。

母ちゃんはさんぽしながら、よく木や草や花に話しかけてるよ。

「ユキザサさん、今年も咲いてくれてありがとう」とか、

「ヤマボウシさん、新しい葉っぱが元気に出てきたのね」とか、

「ドウダンツツジさん、赤と白の花がきれいねー」とかね。
ちょっとかわったおばさんに見えるかもしれないね。でも、父ちゃんは言ってる。
「ルーサー・バーバンクっていうおじさんは、植物とお話ができたっていうからなぁ。
母ちゃんも、そのうちできるようになるんじゃないかな。母ちゃんはジョウモンジン
だからね。」

森は、お天気によって、ようすががらっとかわっちゃうんだ。おひさまの光がサン
サンとふりそそぐ晴れた日の森は、木の葉っぱに光があたって、キラキラまぶしいく
らいにかがやく。空は目がとけてしまいそうなほど青くて、白い雲がプカプカ浮かん
でる。鳥たちがあちこちで、チュルチュル、チチチチさえずってる。
あたたかくなると、生まれたばかりのハルゼミがいっせいに鳴きだして、そのシュ
ンシュンシュンシュンっていう声が森をつつんじゃう。ハルゼミって、ちっちゃなか
らだで、羽がすきとおっているんだ。そんな日に森を歩くと、ひんやりキリッとした

風が吹き過ぎていくよ。しめった草いきれのする地面から、みずみずしい空気が立ちのぼっているのがわかる。母ちゃんは、
「ソーマチット、あーりがとぉー。プーラァーナー、あーりがとぉー」
って、ヘンテコなふしの歌をうたいながら、大きく息をすったりはいたりして歩いてる。

雨の日の森は静かで、谷の小川のさらさら流れる音だけがきこえてる。雨つぶでぬれた葉っぱにのっかって、ちっちゃなカエルが休んでいたり、うらっかわにカタツムリがくっついていたりするよ。ゆき姉ちゃんは、ときどき、はなでつっついたりなめたりして遊んでる。ゆき姉ちゃんはホウロウ生活をしてたから、そのときにいろんなものを食べたんだって。

こんな日は、母ちゃんは一日、糸紡ぎをやってる。スピンドルとかいうふしぎな木

の棒を右手でクルクル回しながら、スルスルスルスル糸を紡いでいくんだ。母ちゃんが左手にもってるワタのかたまりから、細い糸がシュルシュルシュルーって生まれ出てくるよ。音もなくクルクルと回っているスピンドルに、ひみつがあるらしい。生まれたての糸は、スピンドルにどんどん巻かれていって、いつのまにか太っちょになると、つぎのスピンドルをかごから取り出して、またいちからはじめる。そうやって何本もできると、こんどは、スピンドルから巻き取り棒に糸を巻きなおして、ひとまとめにしてからねじりドーナツみたいな形にする。

母ちゃんは、スピンドルでの糸の紡ぎかたを自分ひとりで覚えたんだ。はじめは、なかなかうまくいかなかったけど、少しずつできるようになってくると、わたから糸が生まれてくるのが、おもしろくてしかたなかったんだって。

母ちゃんの先生は、ふるーい布きれたちらしいよ。むかしの人が、だれに見せるでもなく、ほめられるでもなく、いっしょうけんめい紡いで織った布きれたちが話しかけてくるんだって。糸にも、それを織ってできる布にも、たましいがやどっているから、こころ静かに耳をすますと、きこえるんだって。そんな布たちの声をきいてるうちに、しぜんにできるようになったらしいよ。

母ちゃんが読んでいたふるーい絵本で、シギサンエンギとかいったかな、そのなかに、女の人がスピンドルで糸を紡いでいる絵があるんだって。それを見ていた母ちゃん、びっくりしてさけんだよ、

「あっ、こんなところに、ゆきちゃん、めいちゃんがいるわー」って。

糸紡ぎをしている人の家の前で遊んでいる白黒ワンコが、ゆき姉ちゃんとあたしにそっくりなの。そんなむかしにも、ゆき姉ちゃんとあたしは、きょうだいだったんだね。

それから、霧の深く立ちこめる日もある。霧は、どこからともなくスゥーっとおりてきて、あっというまにあたりいちめんをつつんじゃう。そうなるともう、少し先も見えなくなって、右も左もわからない。母ちゃんは、

「霧の森は異界」って言ってる。

だれもいないはずの森の奥から、ヒソヒソと話し声がきこえてくるよ。ふだんはいないものが、霧といっしょにやってくるんだ。霧にまじりながら、ゆっくり歩き回るのもいるし、ヒューヒュー飛び回るのもいる。いつもと同じ道を歩いていても、まるでちがう森に来てしまったような気がするんだ。あたしは、ほんとうはこわがりだから、霧の日に森を歩くのはペケだね。

「こんな日は、ふだんは見えない魔物たちが集まってくるのよ。でもこわいものばかりではないわ。ゆかいに飛び回る魔女だって来ているはずよ」

って母ちゃんはつぶやく。

「母ちゃんは、おおむかし、魔女だったからなぁ。ヨーロッパのふるーい大きな館に

住んでいて、ホウキにのって空を飛んだり、いろんな薬草を煎じたりして、人々を助けていたんだって。魔女っていうのは、叡智《えいち》をそなえた女の人のことだったんだ。ところが、ある日、むりやり連れていかれて、お城の高い塔にとじこめられた。まっ暗な細いらせん階段をずぅーっとのぼっていったてっぺんの部屋なんだ。それなのに、母ちゃんは、翌朝にはなにごともなかったかのように館にもどっていて、みんなびっくりぎょうてんしたらしいよ。」

そう父ちゃんが話してた。

魔女といえば黒ネコがつきものだけど、母ちゃんにはまっくろくろのあたしがついてるからね。あたしは、しょっちゅう母ちゃんのひざの上にのって丸くなってる。まるでネコみたいにね。

霧が深くなると、あたしたちはおうちにかくれる。おうちっていいね。部屋のなかには、大きなまっ黒の鉄のストーブがあって、そのなかでは太いまきが赤々もえて、

ポカポカあったかい。ゆき姉ちゃんは、自分のおふとんの上でクネクネしてる。これは、ゆき姉ちゃんの得意わざ。くびとからだの向きが逆になってるの。

「あっ、妖怪ぬらりひょんだ！」

って、母ちゃんはうれしそうに言って、パチパチ写真をとってる。


ゆき姉ちゃんは、人はこわがるけどワンコは大好きで、あたしのこともはじめからとってもフレンドリーにむかえてくれた。っていうより、ちょっと度をこすくらい世話好きで、ひとりにしておいてほしいときでも、なにかっていえば世話をやきたがるんだ。

「お世話お世話の、ゆきちゃんね」

って、母ちゃんはよく言ってる。でも、ゆき姉ちゃんが、あたしをとっても気に入ってくれたから、あたしのミッションは大成功をおさめたんだ。

ゆき姉ちゃんは、あたしといっしょなら、どこでも行けるようになった。母ちゃんがあたしと出かける用意をしていると、

「めいちゃんが行くんなら、あたしも行くぅー」

って言って、出てくるようになった。はじめて、ゆき姉ちゃんが自分からさんぽに出てきたのを見た母ちゃんは、うれしさのあまり泣いてた。ゆき姉ちゃんがあたしにくっついて歩いてきたとき、あたしは母ちゃんと目を合わせて思わずウィンクしたよ。

もちろん、こころのなかでね。でも、母ちゃんはちゃんと気づいてくれて、

「めいちゃんのおかげだわ、ありがとう!」

って言ってくれたんだ。

そのことを母ちゃんは、仕事先の父ちゃんにすぐに電話で知らせた。でも、父ちゃんは、

「えーっ、まさかー」

と言って、なかなか信じなかったくらいなんだ。

　そういえば、ゆき姉ちゃんがおこったのを見たことがないなぁ。ホウロウ生活のせいなのか、ゆき姉ちゃんは父ちゃんがくれるおやつでもなんでも、よーくニオイをかいでから、おもむろに口をあけて、ゆっくりかんで食べる。ときどき、口に入れたものをポロッと落としちゃう。そんなとき、あたしはすかさずそれを横から食べちゃうんだ。

ゆき姉ちゃんは、
「あらっ、あたしのおやつどこいったのかしら?」
　って顔してキョロキョロしてる。そんなぼんやりゆき姉ちゃんを見てると、イラッとくることもあるよ。でもね、そんなときでもぜったいにおこらない。にこにこして、
「あっ、そうか、めいちゃんが食べたのね。それならいいわ。めいちゃんよかったね」

って言うんだ。だから、うちではみんな、
「ホトケのゆきちゃん」って言ってる。

あたしがこのうちに来たばかりのころ、ゆき姉ちゃんは、さんぽはできなかったけど走り回ることはできた。早起きのにがてな母ちゃんだけど、ゆき姉ちゃんを外に行かせたい一心で、朝早く、まだだれもいない時間に、あたしたちを広い牧草地に連れてってくれた。そして、長いリードでゆき姉ちゃんを走らせた。あたしはあんまり走りたくないのに、ゆき姉ちゃんが走ろう走ろう、ってさそってくるから、しかたなく走ったりした。そこには茶色のウシがいっぱいいて、ふしぎそうにあたしたちを見てたけど、そのうちにどんどんこちらに集まってきた。ゆき姉ちゃんもウシに近づいてお話したりしてた。

広い草原でゆき姉ちゃんがウンチをすると、あたしが「ここだよー」って、ピョンピョンはねて、その場所を教えてあげた。母ちゃんは、「めいちゃん、おりこうね、助かるわー」ってほめてくれたよ。
いまでは、ゆき姉ちゃんもさんぽができるようになったから、もう走りには行かないし、ウシにも会っていない。やっぱり走るよりゆっくり歩くのが、あたしは好き。虫を探したり、木や草や花のニオイをかいだり、風のそよぎに耳をかたむけたりできるからね。

そんなことを思い出していると、いつのまにか外は夜になっている。天井近くの高い窓から、金色のお月さまの光が、まるで母ちゃんの紡ぐ糸のようにさしこんでくる。まっ暗な森のなかでは、お月さまは、まぶしいくらい明るくかがやくんだよ。どこか遠くで、鹿がキューンキューンって鳴いてる。晩ごはん食べて、お腹いっぱいになったあたしは、二階の母ちゃんのベッドに行ってねちゃうんだ。

ご近所さん

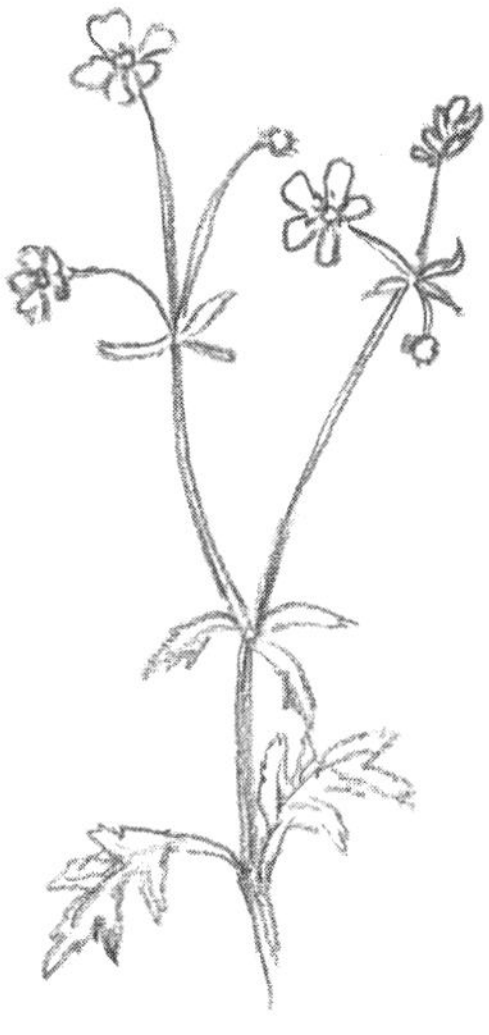

あたしたちの住んでいる森は、ふだんはほとんど人がいなくて、とても静かなんだ。森のみどりが濃くなって、セミがミンミン鳴くようになると、たくさんの人が都会からやってくるけどね。

少し前に、うちのおとなりに小さい子どもたちのいる家族が、家を建てて越してきた。おとなりのお父ちゃんはアーチストっていう仕事をしてるんだって。まっ白なショートケーキみたいなおうちと、茶色のチョコレートのような、アトリエとかいうおうちもあって、そこでふしぎな動物の人形をつくってるらしい。みどりの広い芝生の上を、ときどき鹿たちが走りぬけたりするよ。

あたしがこのうちに来たばかりのころ、さんぽの途中でハーネスぬけをやってしまったことがあるんだ。急にからだが自由になったあたしは、右も左もわからずむちゅうで走り出した。

「たいへん！　めいちゃんが逃げた！」

母ちゃんは、あわてて追いかけたけど、あたしにかなうわけない。あたしはどんど

ん走った。あとで母ちゃんからきいたんだけど、まっ黒なてっぽう玉が宙をすべるように進んでたって。あたしの走る姿は、それはすごいんだって。でもね、あたしは逃げるつもりはぜんぜんなくて、ただからだが軽くなったのがうれしかっただけ。

そのとき、母ちゃんのさけびをきいて、まっ先にかけつけてくれたのが、おとなりのお父ちゃんだった。うちの父ちゃんはどうしてたかって？　その日は、たまたまうちにいたんだけど、二階でグーグーいびきかいてねてた。おとなりのお父ちゃんが、

「どうしたらいいでしょう。　めいちゃんの好きなパンをもってきましょうか」

ってきいたので、母ちゃんは、

「父ちゃんを呼んできてください」ってたのんだ。そして、

「父ちゃんは耳が遠いから、できる限り大きな声で呼んでください」

って言うのも忘れなかった。

急に起こされて、びっくりあわててとび出した父ちゃんが、遠くから、

「めいちゃーん！　めいちゃーん！」

って大声で呼んだので、あたしはハッとわれにかえった。

「あっ、父ちゃんが呼んでる。行かなくちゃ。」

父ちゃんはひざをついて、両手を広げてあたしを待ってた。ダダダーっと走って、とびこんだ！（ホカク！）やっぱり、父ちゃんにだっこされるのが一番安心しちゃうね。


じつは、ほんとに逃げたくて逃げたことも一度あるんだ。

あたしが、ときどき行く動物病院でのこと。前に足をみてもらったとき、すごく痛かったから、もう病院のなかにはぜったいに入りたくなかったんだ。だから、ドアの前まで来たとき、父ちゃんがリードを強く引っぱったのをはずみにして、ハーネスからスルリとぬけ出してむちゅうで逃げたよ。

車の走っている道路にとび出しちゃったから、さあたいへん！まっ青になった母ちゃんは大声をあげるは、父ちゃんはオロオロするはで、てんやわんや。あわてた院長先生もかけ出してきて、交通せいりをしてくれる。さんろくの人たちってみんなやさしいから、車をとめて、あたしが走り回っているのをほほえみながら見ている。あたしは、ただやみくもに逃げ回った。だれもあたしをつかまえられない。と、そのとき、母ちゃんはひらめいた！

「追えば逃げる、逃げれば追ってくるのがイヌ。」

「めいちゃーん」

って呼びながら追うのを急にやめて、逆向きに走り出した。

「あれ？　おかしいな…」

追いかけてくるはずの母ちゃんが、あたしから逃げてる。あたしは、なぜかわからないけど、こんどはむちゅうで母ちゃんを追いかけた。気づいたら、母ちゃんの策にまんまとはまってた。母ちゃんは笑って、車のドアをあけて待っている。あたしはいちもくさんにとびこんだ！

「ホカク完了！」

母ちゃんVサイン。院長先生もホッと胸をなでおろす。父ちゃんは、ただぼうぜんと立ちつくしていただけ。

母ちゃんは落ち着いているように見えたけど、ほんとうは手がブルブルふるえていたんだって。ゆき姉ちゃんは、病院のなかにいたから、なにが起こったのかぜんぜん知らないまま、

「なんであたしだけー？」

って思いながら、注射されたんだよ。

この事件以来、母ちゃんはいつも言ってる。

「追えば逃げるの、ワンコだけじゃなくて、恋人もお金もチャンスもみんな同じ。ほしいものがあるんだったら、追いかけないで、向こうからよろこんで来てもらえるようにすればいいんじゃない？　逆にいやなことから逃げていたら、いつまでも追いかけてくるんだわ。そんなときは、相手とキッチリ向きあうか、思いきってお迎えしてみたら、思わぬけしきが見えるかもしれないわ」ってね。

おとなりのお父ちゃんは、シマリスをかっていて、毎日このリスといっしょにさんぽしている。といっても、リスにリードをつけて歩かせたりしないよ。かごに入れたシマリスを乳母車にのせて、森のなかを押して歩くんだ。あたしたちがさんぽしてると、出会うこともある。乳母車の上で、リスがクルクルクルクル動いてるのが目に入ると、なぜかあたしはムズムズしてきて、つい、ギャンギャンほえちゃうんだ。そんなときでも、おとなりのお父ちゃんはいつもにこにこして、
「めいちゃん、元気だね」って笑ってる。

おとなりの草原みたいな庭には、よく鹿たちがやってくるけど、この庭が好きなのは鹿だけじゃないよ。キツネやタヌキ、ときにはアナグマなんかも来る。そしてふし

ぎなことに、まいごのイヌたちがフラフラとたどりついてしまうんだ。ゆき姉ちゃんみたいなホウロウケンが、いままでにたくさんこの庭にやってきた。そのたびに、おとなりのお父ちゃんはパンやお水をあげて、イヌたちを安心させている。

少し前のことだけど、どこからか、まっ黒なワンコがやってきたことがあった。そのコを見ておとなりのお父ちゃんは、また、あたしが逃げたと思ったみたい。あたしの大好きなパンをもって、そのコをうちに連れてきた。呼び鈴の音に気づいて母ちゃんが外に出たとき、あたしもいっしょだったからびっくり！

「あれ？　めいちゃんが二頭いる！」

おとなりのお父ちゃんは、目をまん丸にして言ったよ。

そのコは、近くのおうちにもらわれたばかりのワンコだった。あたしとおんなじまっくろけだし、お友だちになれそうだったけど、そのあと一度も会ってない。元気にしてるかな？

おとなりの庭に、いろんな動物たちがしぜんと引き寄せられてしまうのは、そこが安全で楽しそうだからじゃないかな。きっと、まいごのワンコたちがたどりついて、ここならもう大丈夫って、ホッと安心するんだね。

うちのちょっと先に、シャチョーさんて呼ばれてるじっちゃんが住んでた。「住んでた」っていうのは、少し前の、まだ雪が残ってる寒い時期に亡くなったから。でも、いまでも森のなかをにこにこしながら歩いてるよ。ときどき見かけるもの。母ちゃんたちには見えないみたいだけどね。シャチョーさんて呼ばれてたのは、このじっちゃんが、あたしたちが住んでるところのかんり会社とかいうものをつくった人だったから。シャチョーっていう名前のじっちゃんなのかと思ったけどそうじゃないんだ。

このじっちゃんは、背がちっちゃくてやせてたけど、からだ全体に力がみなぎってるのがわかったよ。いつも、楽しそうに笑ってた。毎日、長いカマをもって、雑草を刈ったり、人があんまり来ない家の戸や窓をしらべたり、土地のさかい目になってるくいを直したり、いろんな山菜を集めたり、とにかく年がら年じゅう、森のなかを歩き回ってた。ホームセンターで買ったっていう、あったかそうなぼうしをかぶり、ヨレヨレの上着を着て、泥だらけの長ぐつをはいてるんだけど、その上着にはガムテープでつぎがしてあるんだ。

母ちゃんたちはそんなシャチョーさんが好きで、さんぽの途中で会ったりすると、よく楽しそうにおしゃべりしてた。といっても、話すのはもっぱらシャチョーさんのほうで、母ちゃんたちは、ただ、「はあはあ」ってきいてるだけだったけどね。そんなとき、ゆき姉ちゃんやあたしは近くでじっと待ってなくちゃならない。シャチョーさんはイヌにはぜんぜんきょうみがなくて、あたしたちのことは丸むしで話してる。

「いやあ、ついに、うちの水が商品化されることになったのですよ。」

「はあ、それはおめでとうございます。」

「なんといっても、さんろくの地下五十メートルから汲みあげている天然地下水で、二万年前の水ですからね。そりゃ、質がちがいますよ。先日も水質検査をしてもらったのですが、これがなんと！　すごい結果が出ましてね。」

「はあ、それはそれは…」

「それが驚くじゃあないですか、なんと！　バナジウムまで含まれているんです！　この水を飲んでたら、絶対にボケませんよ！」

「はあ、それはそれは…」

「ラベルのデザインも決まりましてね。まあ、これで、年商数億でしょうかね。」

「はあ、それはそれは…」

「億というお金が入ったら、みんなでテイコクホテルを借りきりましょう！」

さすがの母ちゃんも、このコトバには心が動いたらしいよ。


こんな話をしたあと、シャチョーさんはいくつかのガラスのうつわと、ペットボトルの水と、なんかピカピカした細い二本の棒がついたきかいをうちにもってきた。そして、いつものようににこにこ笑いながら、ガラスの入れものにつぎつぎと水を注いでから、その棒をさしこんで、きかいのスイッチを入れた。そして、しばらく待ってから、上キゲンで言ったよ。

「ほうら、見てくださいよ、このビーカーの水を。これが某《ぼう》有名飲料水メーカーの水ですよ。どうです？　ね、一目《いちもく》瞭然《りょうぜん》でしょう！」

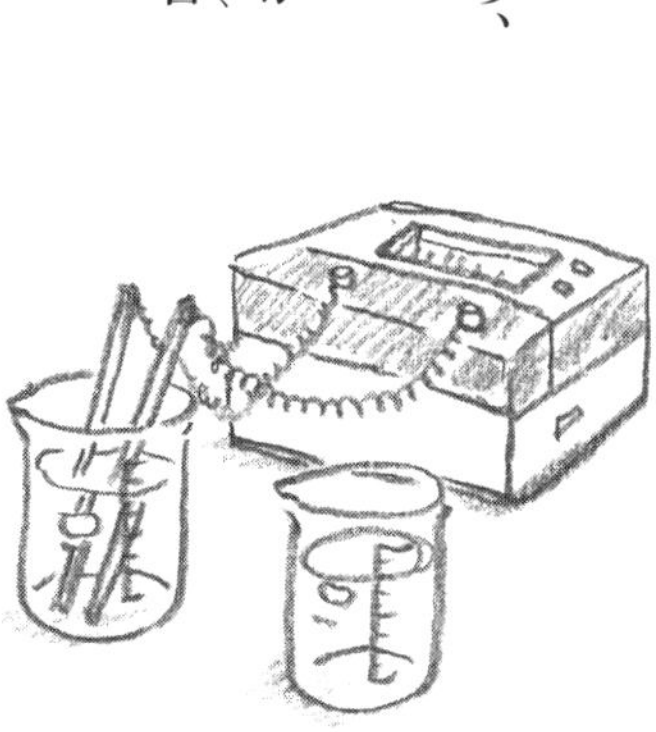

その水のなかには、さっきまでなかった黒いゴミみたいなものが、いっぱいたまってた。もうひとつのうちの水を入れたビーカーで、おんなじことをやったときは、水はきれいに透明なままだった。母ちゃんも父ちゃんも半信半疑って感じで見てたけど、シャチョーさんは、

「どうです、すごいもんでしょう。これがうちの水の実力なんですよ。あのフランスはルルドの水に、勝るとも劣らない名水中の名水なんです！」

そう言ってむねをはった。

けれども、この水はあんまり売れなかったみたい。シャチョーさんが、「うちの水は、そんじょそこらの水とは格がちがうんだ」って言いはって、ねだんを高くしすぎたからだって。

でもね、シャチョーさんは、水でお金をもうけることだけを考えていたわけじゃないよ。さんろくにやってくる、ひとりでも多くの人においしい水を味わってもらいたいと、無料でのめる場所をつくってふるまっていたんだ。だけど、なにかもめごとがあったらしくて、やめてしまった。

シャチョーさんは、それを人のせいにすることもなく、グチも言わず、

「いやあ、半端な人間が生半可にいいことなんかしたって、だめなんですよ。」

そう言って、明るく笑った。

このコトバをきいて、父ちゃんはシャチョーさんのことが、いっぺんに好きになったんだって。

「人のために何かをする、っていうのは目に見える形じゃないんだね。なぜそれをやりたいと思ったのか、その動機こそがたいせつなんだ。たとえば、こころの底から楽しいと思えることだからやりたいのか、それとも、ほかになにか期待することがあるからやりたいのか…それによって同じことをしているように見えて、ぜんぜんちがう

意味をもつことになるんじゃないかな。そしてうまくいくかどうかも決まってくるんだと思うな。」

「そうねー。だからなにかをしようとするとき、まず自分のこころに、なぜそれをしたいのかきいてみるのが一番いいわね。もし、迷うことがあっても、人にきくんじゃなくて、自分のこころの声に耳をかたむければ、しぜんと答えは出るんだわ。」

母ちゃんたちはそんなふうに話していたよ。あたしもね、自分のこころに正直だから、いつもゴキゲンさんでいられるんだ。

シャチョーさんは、自分のうちに、すごい数の映画のポスターっていうものをもっていて、トウキョウにこれをかざる大きなおうちをつくりたかったみたい。これは、父ちゃんからきいたんだけどね。ロンドンとかパリーとかニューヨークなんていう遠い国のまちが大好きで、うんと前に、おくさんと何度も旅に行っては買い集めたんだって。ほかにも、ロマネコンチとかいう名前のぶどうからできたお酒をいっぱいもってたり、有名な絵かきの絵をたくさんもってたりして、テレビのなんとかカンテイダンに出たこともあるらしいよ。

父ちゃんは、ときどきうちにあがって見せてもらったんだって。アンディー・ウォーフォルがどうしたとか、ベルナール・ビュフェがこうしたとか、マリリン・モンローがなんだとか、帰ってくるとわけのわからないことをしゃべってた。

暑い日には、窓を大きくあけはなっていて、そこから、音楽にのった女の人のゼッキョーがきこえてくるんだ。なんでも、オペラとかいうものらしいけど、なんであんな声でさけぶんだろう？　なにか事件でも起きたのかと思ってびっくりしてしまうよ。

シャチョーさんのじまんはまだあって、それは、長い年月をかけて育てたっていうアズマシャクナゲ。広い庭のなかに、大きな株がたくさんあって、あたたかくなるころには、あざやかなピンクの花がいっせいに咲きほこる。シャチョーさんは、もうう

れしくてうれしくて、いつも母ちゃんと父ちゃんを呼びにきた。花を見てきた母ちゃんは、感心して言ったよ。

「シャチョーさんがこころをこめて花を育てたから、花たちがその気持ちにこたえたのね。」

「ふぅーん、そんなもんかなぁ。シャチョーさんはお金もちだから、お金を惜しまず高い苗木を買って、肥料をふんだんに与えたんじゃないの。」

「わかってないわね。もっとたいせつなことがあるのよ。〈こころの映し鏡〉っていうコトバがあるでしょう。自分のまわりに見えるけしきは、こころのなかが映し出されている、っていう考えかたらしいわ。お庭のみごとなシャクナゲもシャチョーさんのこころのなかがあらわれたものなんだと思うわ。」

って、母ちゃんは言ってた。

それからこんなふうにも話していたよ。

「こころのなかは晴れた空のように、いつでもすがすがしく明るくありたいわね。そうすれば、目に見える世界も明るく輝くはずよ。こころのなかに黒雲が出てきたときは、自分で吹き飛ばせばいいのよ。」

あたしも、みんなでお出かけしたときに、かがみみたいなみずうみに、青空と大きなフジサンがさかさまにクッキリと映っているのを見たことがあるけど、それはきれいだったよ。

近くの谷に川の流れをせきとめてつくったひょうたんの形をした池があるんだ。その池で、どういうわけかシャチョーさんは、チョウザメをかってた。なんでチョウザメなの？　って思うよね。シャチョーさんいわく、

「決まってるじゃあないですか、キャビアをとるんですよ、キャビアを。」

「冬には池がこおってしまうのに、チョウザメなんて生きられるんですか？」

って母ちゃんがきいたら、シャチョーさんはこたえたよ。

「そりゃ大丈夫ですよ。なにしろ、こいつらはロシア生まれですからね。」

あたしは、一度だけ、このふしぎな黒っぽい大きな魚たちが、ゆったりと池のなかを泳いでいるのを見たことがあるよ。シャチョーさんが亡くなって、あのサメはいったいどうなったんだろう。


高い山の雪がぜんぶとけたある夜、シャチョーさんが母ちゃんたちをさそいに来たことがあった。みんな小さな明かりで足もとを照らしながら、この池におりていった。

明かりを消してしばらく待っていると、小さな光が少しずつ見えてきた。そのうちに、まっ暗やみのなかで数えきれないくらいの星が、光りながらフワフワと舞いはじめた。

「うわぁー、きれい！」

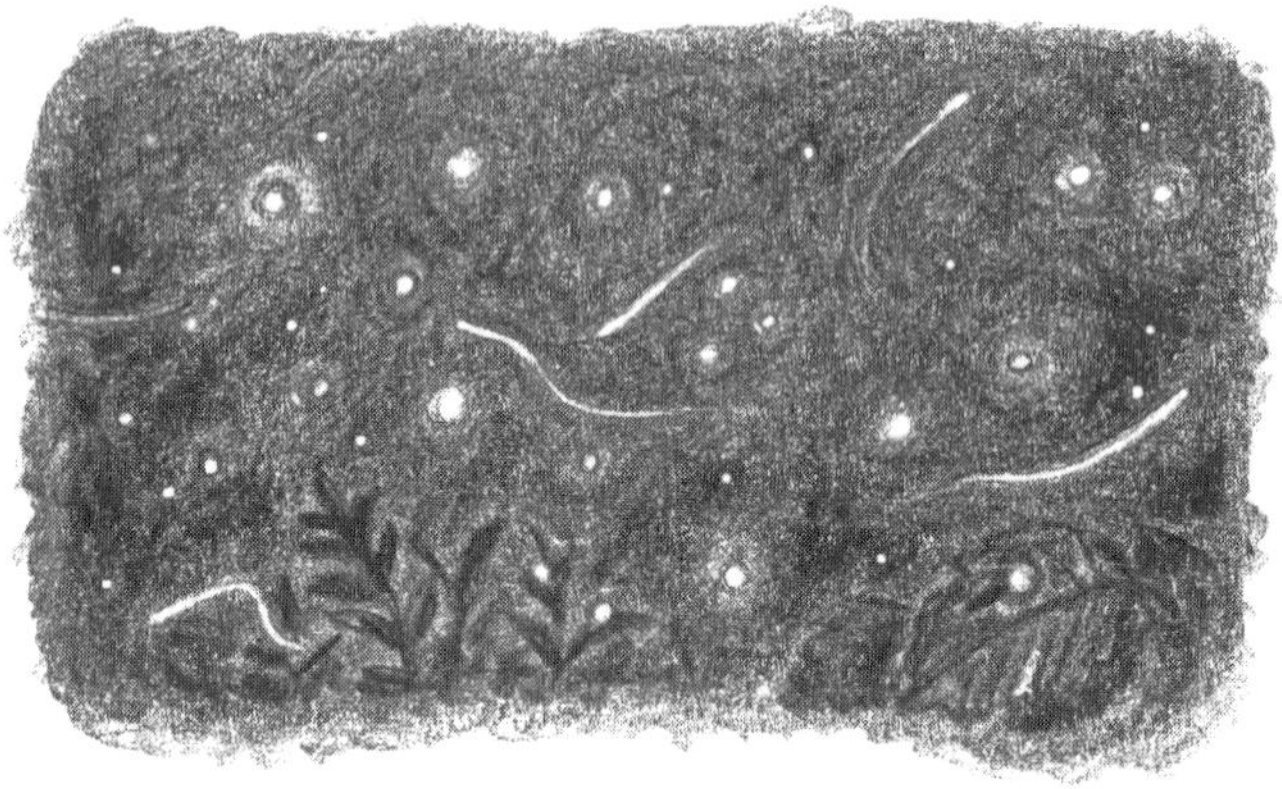

「宇宙空間をただよっているような
気がするね」
って父ちゃんたちは言った。
その妖《あや》しい光は、ヘイケボタルの
光の舞いだったんだ。

いなかぐらしのイヌ

うちから少しくだっていったところに、きれいなお花がたくさん咲いている広場がある。その広場を取り囲むようにふるいたてものやお店が並んでいて、気持ちのいいさんぽ道もあるよ。さんぽのにがてなゆき姉ちゃんも、ここが大好きだからよく行くんだ。森のなかの大きな木も、庭に咲いてるいろんな花も草も、みんなすごく元気がある。歩いてる人たちも、みんな楽しそう。丘の上には、遠い国から来たキラキラした回転木馬があって、いろんな動物にのれるよ。ミルゥちゃんそっくりのネコもいる。イヌはいないけどね。丘の道を進んでいくと、妖精の棲《す》むと言われている森があって、そこから大きな滝を見おろすこともできるんだ。

「いつ来ても、ここには、いい気が流れてるわ」

って言って、母ちゃんは、ゆっくりさんぽしたり、スピンドルをもって丘の上のベンチで糸を紡いだり、近くのパン屋さんで買ってきたクリームチーズパンを食べたりしてる。そんなとき、あたしは母ちゃんの足もとでねそべってる。そうすると、そばを通る人が、「おりこうさんね」ってほめてくれるよ。

森をぬけると、なだらかな広い草原があって、そこからは高いお山が見える。丸々と太ったヒツジたちが、さんぽしてるのにも会えるよ。

ゆき姉ちゃんは、広い場所に来るとかけ回るくせがあって、すぐに走り出す。

「これは、一種のストレス行動ね」

って母ちゃんは言ってるけど、ほんとうは、いっしょうけんめい自分を落ちつかせようとしてるんだ。ゆき姉ちゃんの走りかたって、ちょっとおもしろいよ。母ちゃんたちは、カエルとび、って呼んでるけど、フッと、からだの動きをとめて、少しこしを落としてから、ピョンととぶんだよ。それから、からだをブルブルッてふるの。身をかくすものがなんにもない場所だと、ゆき姉ちゃんはびびってしまうんだ。だから、こんなおもしろい動きをするみたい。ゆき姉ちゃんがホウロウ生活をしてたときにつらいおもいをして、それがこころのキズになっている、って言う人もいるけど、ほんとうはそうじゃなくて、これがゆき姉ちゃんのありのままの姿なんだと思う。だから、この動きが出ると、ついおかしくなっちゃうんだけど、けっして笑ったりしてはいけないんだ。


ゆき姉ちゃんには、もうひとつかわったくせがあるよ。

あたしたちがごはんを食べるときは、母ちゃんが、木のごはん台にごはんとお水のボールを並べて出してくれる。ゆき姉ちゃんはお水をのむとき、はな先でボールをゆらして、わざわざまわりにお水をこぼしてのむんだ。これをはじめると、ガッタンポチャポチャって音がするから、母ちゃんはあわてて、

「ゆきちゃん、それ、やめてねー」

って言う。するとゆき姉ちゃんは、

「あらっ、あたしがなにか？」

ってすずしい顔して母ちゃんを見るんだ。その顔がぜんぜん悪びれてないので、母ちゃんは、

「ゆきちゃんには、かなわないわー」

って言って笑ってるよ。

それから、もっと調子にのって、はな先でごはん台をひっくりかえしちゃうこともあるんだ。

「出ました！　ゆきちゃんの十八番、ちゃぶ台がえし！」

って、父ちゃんは大よろこびしてる。


さて、ここに来ると、母ちゃんと父ちゃんはさんぽの用意をしてから、あたしたちを車からおろす。あたしたちは、母ちゃんが手づくりしてくれた、ワンコ用シートベルトをハーネスの金具につけてる。まずリードをハーネスにつないでから、シートベルトをはずす。

ところで、あたしたちがつけてるハーネスもリードも、みんな母ちゃんがカード織りでつくってくれたものだよ。白いカードにいくつも穴があいていて、そこに色のついた糸を通すの。それをたくさん用意してから、カードを前にたおしたり後ろにたおしたりしながら、横糸を入れていくと、きれいなもようが浮かびあがって、ひもがどんどんできていく。

母ちゃんがリードを手づくりしたのは、あたしたちが森のなかで自由に動き回るために、ちょうどいい長さのリードがほしかったから。リードの材料にする糸は、みんなしぜんのなかで生まれたものを使いたかったんだって。

やわらかくても丈夫なひもができたから、ゆき姉ちゃんが急にかけ出しても、母ちゃんの手がやけるように熱くなることもなくなったし、あたしたちも身軽に歩けるようになったんだ。

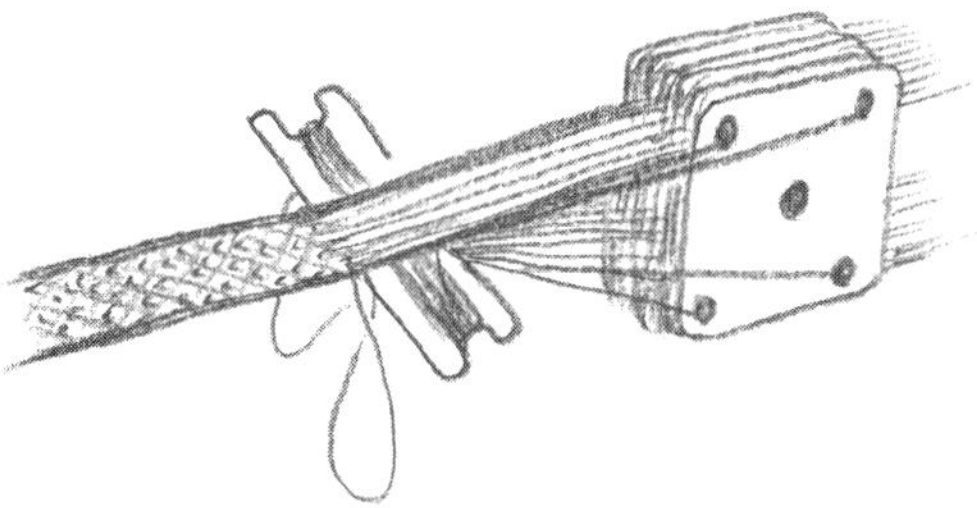

母ちゃんは、なにかつくりはじめるとわれを忘れてつくり続けるから、気がついたら、「こんなにたくさん、どうしよう?」って思うくらいできあがっている。リードやハーネスだけじゃなくて、細い糸であんだふくろだとか、そうじ用のお花の形のタワシだとか、やいたお菓子だとかジャムだとか、もう山のようにつくっちゃう。そして最後には、知り合いにみんな配ることになるんだ。

母ちゃんが作ったリードやハーネスをもらった人たちは、みんなとってもよろこんでくれた。よろこんでもらえることが、一番うれしいよね。糸やひもには、なにかとくべつな力があるらしいんだ。

さて、ハーネスの金具にリードをつけると、父ちゃんが、
「はい、おりていいよ!」
って言うから、あたし、ゆき姉ちゃんの順番でおりる。ゆき姉ちゃんは、人が大ぜ

いいるところが大のにがてだから、車からおりるときはすごく気をつけないといけないんだ。ゆき姉ちゃんの係は母ちゃんて決まってる。父ちゃんはときどきぼんやりしていて、リードにつなぐ前にシートベルトをはずしちゃうんだ。一度、これをやってたいへんだったことがあるよ。もう出てもいいんだと思って、ゆき姉ちゃんが車からとび出しちゃったの。まわりにいた人たちは、びっくり目を丸くしてるし、父ちゃんはまっ青になってたけど、そのへんをグルグルグルグル走り回ってから、ゆき姉ちゃんは急にこわくなったみたいで、自分から車にもどったから、みんなホッとしたよ。

もうひとつ、あたしたちが好きな森のさんぽ道があるんだ。ずいぶん昔に、都会から移り住んだ家族が、広い土地にいろいろなしゅるいの木をたくさん植えて、それがいまでは見事な森になっている。

鳥のごはん台があちこちの木の枝にかけてあって、鳥たちも楽しそう。ちいさな木や花を売っているお店やレストランがあったり、いろんな手づくりのものをかざっているお部屋もあるんだ。歩きやすい枕木の道が森のなかにずっと続いていて、みんな気持ちよさそうにさんぽしてる。

父ちゃんは、

「うちにも、こんな庭をつくりたいなぁ」

って言ってる。

うちの入り口にも枕木がたくさん使ってあるんだけど、ほんとうは、あたしは枕木が好きじゃないの。油とくすりのニオイがするからね。やっぱり、さんぽは土の道が最高。落ち葉がいっぱいつもったフカフカの道が一番好きなんだ。

ここには、都会からたくさんの人やワンコが遊びにくる。その日も、お洋服を着てリボンをつけたワンコに出会った。

「ワーイワーイ、あいさつしよう！」

って、はりきってそのコのほうへ歩いていった。するとそのコは、リードを強く引っぱりながらまっしぐらに近づいてきた。はなツンあいさつをすると、いきなり言った。

「あんた、ミミズくさいわ！」

このひとことで、あたしはカーッときちゃった。

「そうよ、あたしは、道に落っこちてるミミズのヒモノが大好物。でも、だからなに？　ミミズのチンミがわからないなんて、都会のイヌがきいてあきれるわ！」

あたしは、父ちゃんがおそれていたギャンぼえをしてしまった。ほえスイッチが一度入ってしまうと、もうとまらない。

母ちゃんは、あたしのこころの声をきいて、あたしの背中をなでながら言ったよ。

「もういいのよ。めいちゃんの気持ち、よくわかってるわ。」

こう言われて、あたしもフッとわれにかえった。あのコのイライラが、あたしにも伝わっちゃったみたい。せっかく遊びにきたのに、なんかおもしろくなさそうな顔してた。車にずっとのっていてつまらなかったのかな。森のなかをゆっくり楽しく歩いて、木や花や鳥たちとお話して、おいしい空気をいっぱいすったら、きっとゴキゲンになってくれるね！

うちの近くに、ポチさんていうワンコが住んでいる。ポチさんは、もう、かなりのおじいさんで外の小屋でくらしてる。ポチさんは、むかしは、ほかのワンコと血を流すくらいのけんかもしたらしいけど、いまではすっかり丸くなって、さんぽの途中であいさつに行くと、いつもほんわか迎えてくれる。小屋の前に、ポチさんの毛とおんなじうす茶色の毛布がしいてあって、いつ行ってもその上でねてる。あたしが行くと、
「ああ、来たか」

って言って、毛布からどっこいしょって起きあがる。そしてゆっくり近寄ってきて、はなツンであいさつしてから、あたしのおしりに回ってニオイをたしかめる。それから小屋のわきへ行って、おもむろにかた足をあげてオシッコをする。なんであたしの顔を見るとオシッコするのか、よくわからないけど、これがポチさん流。それからまた、あたしのそばに来て、なにをするでもなくぼんやりと空を見あげたり、近くを通る車をながめたり、吹いてくる風のニオイをかいだり、そんなことをしばらくやったあと、

「ほんじゃ、またな」

って言って、毛布にもどってねてしまう。その毛布にとけこむように丸くなったポチさんを見て、あたしもなんだかホッとして、その場をはなれる。

ポチさんのお母ちゃんは、家の畑でいろんな野菜をつくっていて、そこでとれたキュウリやナスやトウモロコシを、よくもってきてくれるよ。朝、さんぽに行こうと

うちを出ると、そこに大きな白いビニールぶくろがおいてある。そのふくろからは、いろんな野菜があふれているんだ。たくさんつくったから新鮮なうちによかったら食べて、って感じなんだ。でもね、この野菜たちが、ほんとびっくりするくらいおいしいんだ。くすりを使わないで育てた自然さいばいなんだって。葉っぱはピーンとかたく立ってるし、水もしたたるとれたての野菜たち。キュウリのみずみずしさといったら、

「えっ！　これ、ほんとうにあのキュウリ？」っていうくらいなんだ。

母ちゃんたちはあまりのおいしさにかんげきして言ってるよ。

「七十五日生きのびるなんてよく言うけれど、このお野菜たちのおかげで、命が洗われるような気がするわ」って。

さんろくでは、人におすそわけをするとき、こんなふうに玄関においていく。もちろん、名前なんて書かない。母ちゃんは、このやりかたにはじめはとまどった。だって、だれがくれたのかわからないと、お礼も言えないしおかえしもできないと思ったんだ。でもここでは、だれもおかえしなんてきたいしない。いまだに、だれが置いていったのかわからないままのモノもあるよ。だから、「ありがとう！」って空に向かってお礼を言って、つぎに自分のできることを人にすれば、それでいいんだ、ってわかったんだって。

これからは、〈物々こうかん〉じゃなくて、〈ハートのこうかん〉なんだって。お礼はモノじゃなくて、よろこぶ気持ち。みんなが、自分の得意で楽しくできることをして、できたモノやわかったことを分け合えば、自分の楽しい気持ちがあいてに伝わるし、あいてからもよろこぶ気持ちがかえってくる。これが〈ハートのこうかん〉なんだね。

だれだって、自分の好きな人や家族がよろこぶ顔を見たいでしょう？　よろこんでもらえたら、それだけで自分も幸せな気持ちになれるよね。〈ハートのこうかん〉って、そんな気持をやりとりすることだと思うよ。

イヌやネコは、なんにもしないでごはんをもらってる、なんて失礼なことを言う人もいるけど、あたしたちのよろこぶ力って、すごいでしょう？　だから、ごはんもおいしいおやつももらえて、その力で生きていけるんだ。

おやつをもらうあたしより、「おやつだよー」って、あげてる父ちゃんのほうがうれしそう、って母ちゃんは言ってるけど、よろこんでるイヌやネコを見ると、だれでもおいしいごはんをあげたくなっちゃうんだね。イヌやネコは〈ハートのこうかん〉が得意なんだ！

近くのトマト農家さんのトマトも、とってもおいしいよ。この農家さんも都会から移り住んで、野菜づくりをはじめたんだ。毎年、トマトを山のようにわけてくれる。でも、ほんのちょっとキズがあるだけでお店に出せないなんてびっくりだね。味は最高なのに。

今年は、細長い形のトマトをたーっくさんつくったからって、ふくろにギュウギュウにつめてくれた。ほかにも、自分ち用につくってるズッキーニやナスやカボチャやブロッコリーなんかも、たくさんわけてくれた。母ちゃんは、さっそく、お得意のさんろく風ラタトゥイユをつくった。それを食べた父ちゃんは、びっくりして言った。

「こりゃ、感動的においしゅうござりやす！　そのむかし、南仏はマルセイユで食したものより、すうだんおいしゅうござりやす！」

このトマト農家さんちには、モモちゃんていうワンコがいるよ。ゆき姉ちゃんとおんなじまっしろしろで、はなの頭だけモモいろの元気なコだよ。モモちゃんは広い畑のかたすみに、小屋をつくってもらって住んでる。

モモちゃんは、防災むせんのスピーカーから流れる音楽に合わせてうたうのが大好き。メロディーにのって、いつまでもゴキゲンにうたうんだよ。遠ぼえみたいに。

ある朝早く、モモちゃんのお母ちゃんが畑に行ってみると、とりいれまぎわのブロッコリーがあとかたもなく消えていた。その前にも一度、楽しみにしていたラッカセイがすべて食べられてたこともある。

「やられた！　あぁ、モモちゃん、なにしてたのー？」

ってお母ちゃんはぼやいてるけど、モモちゃんはぜんぜん気にしてない。

「好きなだけ食べていいよー」

って見てたみたい。鹿でもキツネでもカラスでも、畑にやってくる動物は、みんな大かんげいしてしまうんだ。しぜんのなかで生きている動物たちは、「これは自分のもの」「これはヒトのもの」っていう考えはなくて、「しぜんのめぐみはみんなのもの」ってわかっているからね。

モモちゃんは、晴れた日には、小屋の屋根の上でねるのがお気に入り。屋根板が少しせり出していて、ルーフバルコニーになってるんだ。モモちゃんは穴ほりが大好きで、ひんやりすずしい地下室までつくっちゃったよ。ふだんは、畑にやってくるいろんな虫やカエルを追っかけたり、花や草のニオイをかいだり、ときどきおやつをもらったりしながら、のんびり気ままにくらしてる。

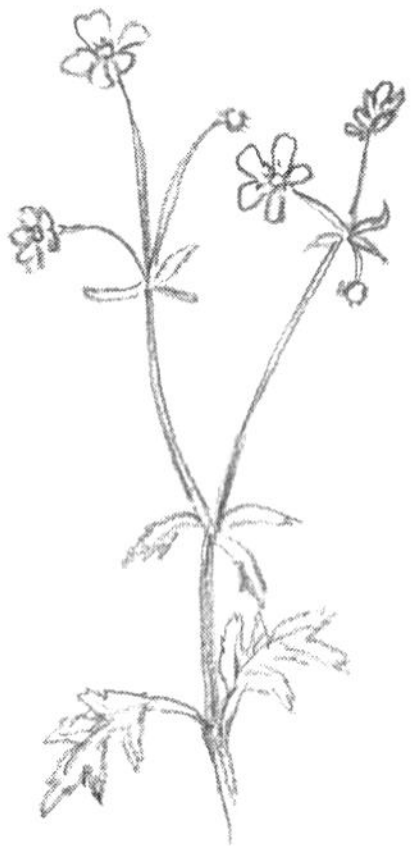

ストーブ

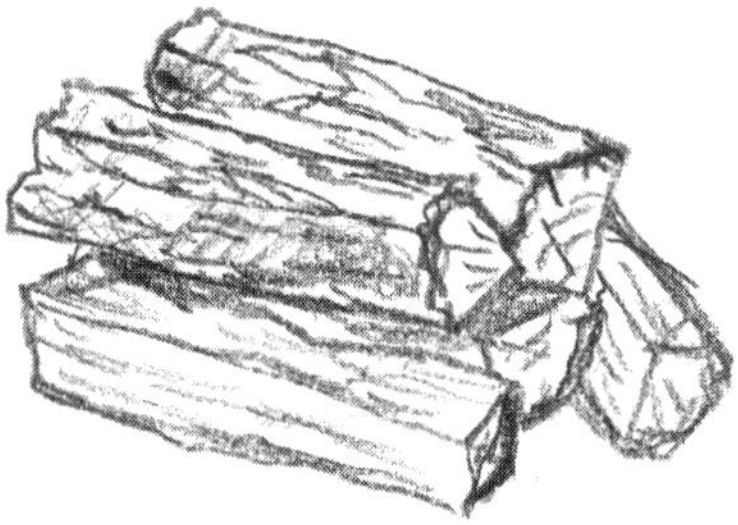

あたしたちが、みんな集まる部屋には、大きなまっ黒の鉄のストーブがある。高い天井まで、長いエントツがまっすぐのびてる。風が冷たくなって木の葉が色づきはじめると、そろそろストーブの出番だね。朝、急に冷えこむ日があると、父ちゃんは、いそいそとストーブの前にじんどる。

「さてさて、みなさま、長らくお待たせをばいたしました。ストーブくんの今シーズン初仕事であります！」

なんて、ひとりで大げさな前口上を言いながら、父ちゃんはストーブに火を入れる。まず、ガラス窓をあけ、丸めた新聞紙をまんなかにおき、その上に森で拾い集めた小枝をひと山のせる。これはよくかわいているものだけを使うんだって。それからわきのとびらをあけ、細めのまきを少し、小枝の山をくずさないようにしながら入れる。そしてマッチをシュッとすって、丸めた新聞紙に火をつけ、急いでわきのとびらをしめる。するとニボシの頭くらいだった炎がみるみるもえ広がっていくよ。やがて、炎はまきにもえ移り、ゴーゴーと音をたてはじめるんだ。そうなると、父ちゃんは、

うれしそうに皮のぶ厚い手ぶくろをはめて、自分のうでより太いまきを何本か入れる。ストーブは元気いっぱい火を吹いて、それまで氷のように冷たかったのが、近寄れないくらい熱くなる。

父ちゃんは、あいかわらずストーブの前にすわったまま、じっとだまって火を見つめている。まきがパチパチはぜる音だけがきこえている。いつもじょうだんばかり言ってる父ちゃんがなにもしゃべらなくなるよ。

「ひとり無心に火を見つめていると、新しい考えがひらめいたり、いままでわからなかったことが、急にわかったりすることがあるんだ」

って父ちゃんは言ってる。

火は、ときにはどんなものでもやきつくしてしまうけど、こころをこめてたいせつに使えば、熱や光となってあたしたちを守ってくれるんだ。だから、ストーブのなかでまきがもえはじめると、あたしたちも急にまじめな気分になる。それまで、ゆき姉ちゃんとプロレスごっこをしていても、火を見るとピタッとやめちゃう。火の前では

ふざけちゃいけないんだ、ってわかるから。柵なんてないけど、あたしたちは熱くなったストーブには、けっして近づいたりしないよ。

父ちゃんはストーブのたきかたが、最初からうまかったわけじゃないんだ。はじめは、まきをけちったためにムチャクチャなたきかたをして、ガラス窓はすすでまっ黒になるは、えんとつはつまるはで、たいへんだったんだって。

うちには、毎年えんとつそうじ屋さんが来るよ。若いおにいちゃんのふたり組み。ひとりは、ヒゲをはやしたウシみたいにがっしりした人で、もうひとりはほそみの鹿みたいな人。ウシさんが部屋に入って、そうじきの親分みたいなきかいで、ストーブのなかにたまった灰やすすをグングンすい取ってるあいだに、シカさんは高い屋根にスルスルのぼっていって、長いブラシで、えんとつにこびりついたすすやタールをゴシゴシ落としていく。母ちゃんはこれを見て、いつも感心してる。

「軽業師《かるわざし》みたいねー。命綱《いのちづな》もつけずに、あんなに高いところに軽々とのぼっていくんだから。」

「いやなに、あいつは高いところが好きなだけなんっす」

って言って、ウシさんは笑ってる。

このウシさんが、うちのストーブを一目見るなり言ったよ。

「こりゃ、やばいっすよ！　こんなたきかたしてたら、ストーブがかわいそうだ。」

「えっ、そんなー。じゃ、どうすればいいですかね？　なかなかもえないときは、灰置きのとびらもあけてたいてますけど…」

「あっ、それ邪道ね」

ってバッサリ。ウシさんはストーブのことならなんでも知ってるから、とっても親切に教えてくれたよ。

「そもそも、まきストーブっていうのは、炎であっためるんじゃなくて、おきであっためるんですよ。はじめは、まきをどんどん入れて、近づけないくらい熱々にしなきゃ。そうやって、これでもかぁ、ってくらい熱くしてからダンパーをとじる。これが基本。とにかく、最初にまきを、えーっ、こんなにもやしていいの？　っていうくらいボンボンもやしておきをつくること。そうね、まず厚さ五センチくらいのおきをつくってほしいね。これ、サービスであげるから、温度をよく見てやってみて。」

そう言って、ウシさんは丸い温度計をストーブにつけてくれた。気前がいいんだ。

それから、ストーブは不死鳥のようによみがえったんだ。

父ちゃんはまきを、まき屋さんから買ってるけど、おとなりのお父ちゃんは自分でつくってるよ。

まず、ノコギリザメみたいな形をしたきかいで、太い木をストーブの大きさに合わせて切りそろえる。それがすむと、つぎにスコーンスコーンって、いい音させながら斧でわっている。ほんとは、これが山ぐらしのだいごみなんだって。

じつは、なにをかくそう、父ちゃんも最初はやろうとしたんだ。でも、まき屋さんにとめられたの。左ききの父ちゃんが危なっかしくノコギリを使っているのを見て、まき屋さんが言ったよ。

「わるいこと言わないから、やめたほうがいいよ。けがでもしたら元もコもないから。」

あたしも一度、ミノブの山んなかで、チェーンソーがはねて大けがしてるけど、見ますか？　きずあと。」

　こうおどかされて、さすがの父ちゃんも、まきづくりはやめたんだって。人それぞれ、生まれるときにもってきた〈道具〉がちがうからね。自分がもっている〈道具〉を使って得意なことをやればいいんだ。父ちゃんは「コマンタレヴー」とかって、耳から息がもれちゃってるみたいなコトバを教えて、あのヘラヘラおどりをおどって、グーグーねてるのが一番にあってる。そんな父ちゃんが、あたしは一番好きなんだ。


　これから暑くなるっていうころに、まき屋さんは、大きなトラックにまきを山のようにつんで、もってきてくれるよ。そして、まき小屋にきれいに積みあげてくれる。ナラやクヌギのまきからは、すがすがしい森の香りがたちのぼってくるんだ。母ちゃんも父ちゃんも、

「これで、安心して冬が越せる」

って、大よろこびしてる。

まき小屋にぎっしり積まれたまきには、しばらくすると、いろんな虫が住みはじめるんだ。久しぶりに、まきを取り出した父ちゃんが言う。

「あっ、こんなところにきれいなタマムシがいるぞ！」

まきの溝にはさまるようにして、じっとしている虫が虹色にかがやいている。ほかにも、長いヒゲをもってるヤツとか、ムクムク太ったイモムシとか、足のひょろ長いクモとか、いろんな虫がかくれている。まきは虫たちのかくれがなんだね。ときどき、いやぁーなニオイのする虫がいっぱい出てくることがあるよ。なんでも、カメムシとかいうらしい。虫を追いかけるのが好きなあたしも、さすがにカメちゃんだけはかんべんしてもらうんだ。

寒い朝には、おき火が残っているストーブのなかに、まきをいっぱい入れてから、あたしたちはさんぽに出かける。いつもどおり歩いて帰ってくると、うちのえんとつから白いけむりがモクモクとあがっているのが見える。

「あっ、ストーブさん、部屋をあったためてくれてるなあ」

って、うれしくなるよ。それから、ご近所の家のえんとつからも、けむりがあがっているのが見える。遠くからでも、けむりのニオイで、「これはサクラ」とか「これはリンゴ」とか、わかるんだ。

「おとなりさんも、早起きして、こどもたちが学校へ行くしたくをしてる」

って、顔を見なくても、みんな元気にすごしてることがわかって、気持ちまであったかくなるよ。

このまっくろくろのストーブのおかげで、あたしたちは、草木もこおる寒さのなかでポカポカくらせる。そして、このストーブが赤々もえるために、いろんな人が助けてくれてるんだ。

向こうのヒト

うちにはときどき、向こうのヒトが遊びにくるよ。父ちゃんがトウキョウに行っていて、母ちゃんひとりの静かな晩に、そのヒトはやってくる。

夜、母ちゃんは、ふるーい紡ぎ車でカタカタカタカタ糸を紡いでいる。その紡ぎ車は、リトアニアっていう遠い国から、はるばる海を渡ってやってきたものなんだ。外は、星がキラキラいっぱい光ってる。部屋のなかでは、ストーブがチロチロもえて、ほんのりあったかい。ゆき姉ちゃんは、自分のおふとんの上で、やきたてベーグルのように丸くなってピクリとも動かない。あたしは母ちゃんの足もとで、たま切りにした丸太みたいにゴロッと横になってる。きこえてくるのは、やさしくてどこかなつかしいような、紡ぎ車の回る音だけ。

母ちゃんは、背筋をピンとのばして椅子にこしかけ、右足でゆっくりとふみ板をふむ。するとカタカタという音とともに、大きな丸いわっかが回りだす。左手はほそ長いワタをもっていて、そこから糸がスルスルと生まれでて、木のわくにどんどん巻きついていく。ワタをもった左手は、うしろにスゥーっと引いてはもどし、引いてはもどしをくりかえす。右手は、生まれたばかりの糸をそっとつまんでよりをたしかめる。

こんなふうに、母ちゃんが、ひとり静かに糸を紡いでいるとね、だんだんと、部屋の空気がかわってくるんだ。軽くなるっていうのかな？　そして、その空気がいっしゅんゆれるの。「あれっ？」って思って顔をあげると、高い天井のあたりに、女のヒトが来ているのが見えるんだ。大きな目がすきとおるようで、やわらかい光につつまれている。

そのヒトは、しばらくそこに浮かんだまま、母ちゃんが糸を紡ぐのをうれしそうに見てる。それからスゥーっとおりてきて、母ちゃんのとなりに並んで、手もとをじっと見てる。母ちゃんは、糸紡ぎに集中してるから、そのヒトがすぐとなりにいるのに気づかないんだ。すると、そのヒトはかた手で、母ちゃんの肩を軽くトンとたたく。

それでも母ちゃんは、あいかわらずカタカタやり続けている。女のヒトは、こんどはもう少し強くトントンとたたく。母ちゃんは、ふと足の動きをとめて、

「あら、なにかしら？」

と言って、あたりを見回す。あたしがそのヒトのことを見つめていると、母ちゃんは、あたしの目を見てふしぎそうにきくよ。

「だれか来ているの？」


そのヒトは、母ちゃんの手にそっと手をそえる。母ちゃんが、ひとりで糸づくりをおぼえて、毎日楽しく紡いでいるから、母ちゃんがもっとうまくできるようにって、手伝ってくれてるんだ。ときどき、母ちゃんと向こうのヒトがピタリと重なって、見わけがつかなくなることがあるよ。そんなときは、いままで何度やってもうまくいかなかったことが、急にできるようになるみたい。

でもね、たまに糸のまきとりのかげんで、よりがかかりすぎたり、甘くなったりす

る。なかなか思うような糸にならなくて、ちょっとあせってしまう。そんなふうに、母ちゃんのまわりにちょっとでも重たい空気があると、向こうのヒトは来ない。

母ちゃんは、紡ぎ車で糸を紡ぐやりかたを、ユーチューブっていうものを何度も見て覚えたんだって。そこで、「糸紡ぎのカリスマ」って呼ばれている外国の若い男のコを見つけたんだ。神わざのような手の動きを見ていたら、そのコの青い目がキラッと光った。まるで、母ちゃんに合図したかのようにね。それから、フッと楽に紡げるようになったんだって。忘れていた記憶がふいによみがえったみたいにね。

母ちゃんは、糸を紡ぎおわると、それからその糸をお湯につけてよりどめをするんだ。糸は、紡いだままだとよりがもどっちゃうからね。

まず、お風呂場で、大きな鍋に熱いお湯をたっぷり入れる。それから、ねじりドーナツみたいにまとめた糸をほどきながら、お湯のなかにつけていく。そうやっていると、母ちゃんの肩のあたりに、サラサラと女のヒトのかみの毛があたるんだって。母ちゃんのかみは男みたいに短いから、自分のかみがあたるはずはない。

「あらっ？」

と思って、ふりかえってもだれもいない。

「気のせいね」

って思いなおして、なべのほうを向いて糸を入れていると、またサラサラとかみの毛が肩にかかる。母ちゃんは、ハタと気づいた。向こうのヒトが来てくれてるって。かみの長い女のヒトが、母ちゃんといっしょに、なべのなかをのぞいているのを感じたらしいよ。そのサラサラは、とってもやさしい感じで、

「お手伝いするわ」

って、はげましてくれているのがわかったんだって。

あたしは、糸をつけたお湯から立ちのぼるニオイにきょうみしんしん。あっ、これはアルパカ、これはラクダ、こっちはヤク、ってすぐにわかっちゃうんだ。でも母ちゃんは、このニオイはにがてらしい。なつかしい、いいニオイなんだけどなぁ。

いつも、母ちゃんは、二階の部屋でひとりでねるんだけど、その部屋の窓は庭に向いているから、夜でもカーテンをしめない。ある夜のこと、母ちゃんはベッドに入って目をとじた。あたしも、ベッドの上で母ちゃんの足もとに丸くなってねてた。夜なかにふと目がさめた母ちゃんは、なにげなく窓のほうを見た。すると、なにかが動いている。

「あれっ、なんだろう？」

ってて、母ちゃんは目をこらした。母ちゃんはジョウモンジンだから、目がすごくい

い。うす明かりのなかで母ちゃんの目に映ったものは、それは小さなヒトだった。窓ガラスの一番上のあたりに、小さなヒトがあおむけにねていて、さかんに両うでを曲げたり伸ばしたりしてたんだって。つまりね、赤ちゃんくらいの身の丈のヒトが、ま横になって空中に浮かんでいて、ひじのところからうでを曲げ伸ばししてたってこと。

母ちゃんは、はじめは、あたしが窓ガラスに映っているんじゃないかって思った。だけど、あたしはベッドの上でピクリとも動かずにねむっていたから、そんなへんな動きをするはずがないし、第一、あたしはヒトじゃない。

つぎに、自分が映っているのかな、って考えたけど、母ちゃんはベッドの中にいて、おふとんから顔しか出していなかったから、自分でもない。

「じゃあ、あれはいったいだれなの？」

母ちゃんは、しばらくそのヒトを見つめていたけど、ふしぎとこわくはなくて、笑

いだしたくなるような感じだったそうだよ。あたしはぐっすりねむっていたから、見られなくて残念！

「とにかく、そのヒトは、とっても楽しそうだったのよ。お友だちになりたいなって感じね。」

母ちゃんはそう言った。そのヒトのことを母ちゃんは、「森のコビト」って呼んでる。

そういえば、こんなこともあったんだよ。

はな先がこおるほど寒くて、星がきれいな夜が続いたときのことなんだ。毎晩、うちの上空をひこうきがいろんな色の光をてんめつさせながら、むれをなしてとおり過ぎていった。つぎつぎと東の空からあらわれて、西のほうへ飛んでいったんだ。そもそもこれがほんとうにひこうきだったのかも、はっきりわからない。それは、ほとんど音がしなくて、飛びかたもまっすぐではなくて、ふわふわゆれたり、ふらふらと横に動いたり、はやくなったり、おそくなったりしながら飛んでいた。あまりにもふしぎで信じられないできごとだから、近くのまちの知り合いにもきいてみたんだ。

「こんなひこうき見えてますか？」

って。けれども、

「そんなものぜんぜん飛んでませんよー」

って言われた。

母ちゃんひとりが見ているなら、「見まちがいでしょう」って思われるかもしれないけど、父ちゃんとふたりで毎晩見ていたからまちがいはない。そのときは、「あれはいったいなんなのか？」っていろいろ考えていたけれど、きっとそれは、たいせつなことではないんだね。

森のコビトもふしぎなひこうきも、「ふだんは目に見えないものも、たしかにいるんだよ」って、だれかが母ちゃんたちに教えてくれようとしたんじゃないかな。

これは、またべつの夜の話。

やっぱり、二階のベッドで母ちゃんはねていた。ま夜なかごろ、母ちゃんは、まっ暗やみのなかに小さな明かりを見た。じっと見ていると、それはだんだん大きくなって、目をそらすこともできなくなった。まっ赤な丸い光だった。

「ふしぎな光だなあ」

って思って母ちゃんが見つめていると、とつぜんその光のなかに、ものすごい力ですい込まれそうになった。「あっ、すい込まれる！」って思ったしゅんかん、母ちゃんは、

「まだ無理！」

ってさけんだ。すると、その光とものすごい力はスッと消えてしまった。どうして

「まだ」って言ったのか、自分でもわからなかった。この話をきいた父ちゃんは言った。

「危なかったね。もしそのまますい込まれてたら、二度とこっちにもどってこられなかったんじゃないかな。どこかできいたことがあるけど、赤い光ってすっごくこわいものらしいよ。」

「そうかもしれないわね。だからあたしも、とっさにきょひしたんだと思うわ。でもね、あちらへ行ってみたかったような気もするの。」

母ちゃんは、ちょっと残念そうだったよ。


うちには、男のコが来ることもあるよ。一月一日の夜、母ちゃんと父ちゃんは、おせち料理を食べお酒をのむ。

母ちゃんは、お酒がきらいじゃないんだけど、さかづき二杯のむのがやっと。それなのにお正月は、父ちゃんにすすめられて、ついつい三杯目をのんじゃう。すると、「あっ、心臓《しんぞう》バクバクになってきた。すわってられない。あたし、横になる」

って言って、ストーブの前にゴザを広げて、あおむけにねてしまう。

苦しくなるのわかってるのに、どうしてのんじゃうんだろう。まぁ、あたしも「やめなさい」って言われているのについつい笹っぱを食べて、あとで気持ちわるくなることがあるけどね。

「母ちゃん、こんなところでねちゃだめだよ」

って、あたしは起こそうとするんだけど、

「ごめん、ゆるしてー」

とかなんとか言って、ねてしまう。母ちゃんは、顔をまっ赤にして苦しそうだから、あたしもいっしょにねてあげるの。父ちゃんはっていうと、母ちゃんがいなくなったのをこれさいわいと、ひとり楽しくハイペースでのみはじめる。で、こちらもほどなくダウン。父ちゃんは、最近めっきりお酒が弱くなった、って言ってる。とにかく父ちゃんも、母ちゃんのわきにゴザを広げてねてしまう。

と、急にうちのなかがシーンと静かになる。きこえてくるのは、かすかな父ちゃんのイビキだけ。外では、雪がしんしんとふってる。そんな元日の夜なかごろ、台所でなにか気配がするんだ。あたしは、そっちに行ってみる。すると、母ちゃんがとってもたいせつにしている、ふるーい大きな水屋だんすの前に、男のコがひとり立っている。まっ黒で大きな瞳《ひとみ》がクリクリ動いて、あたしを見るとにっこり笑うよ。そのコは楽しそうに台所に置いてあるものをさわったり動かしたりして遊んでいる。しばらくすると、よいからさめた母ちゃんが、目をさましてつぶやく。

「あらっ、いけない。すっかりねちゃったわ。」

それから、台所でなにか動いていることに気づいて、

「だれかいるの?」

って言う。と、そのとたん、男のコはいなくなっちゃうんだ。

だから、このコのことは、あたしとゆき姉ちゃんしか知らない。

モノだま

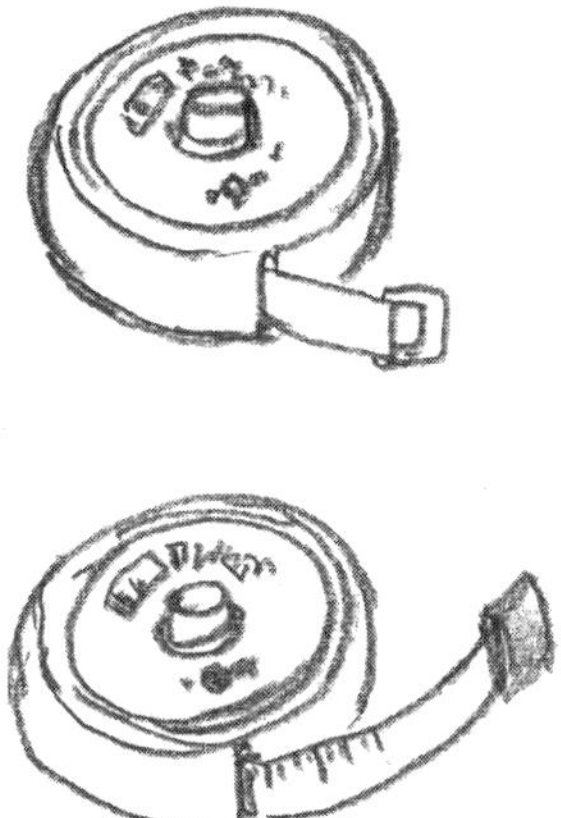

母ちゃんは、糸紡ぎをはじめたころは、スピンドルを使って糸を紡いでいた。しばらくして、紡ぎ車でも紡いでみたいと思って、新しい紡ぎ車を買った。それは工場でつくられたもので、おんなじものがたくさんあるうちのひとつだった。この紡ぎ車で紡ぎはじめたとき、自分ではなくきかいが糸を紡いでいて、自分はただそのきかいを動かしているだけっていう気がしたんだって。

ところが、つぎにリトアニアから来たふるーい紡ぎ車で紡いでみたら、スピンドルで紡ぐのとほとんどおんなじくらいに、自分の手で紡いでいる、っていう感じがもどってきたんだ。この紡ぎ車と母ちゃんは、なぜかあいしょうがいいらしい。ずっとむかしから使っていたかのようなな

つかしさを感じるらしいよ。

父ちゃんはこんなふうに言ってる。

「長いあいだたいせつに使われてきた道具には、それをつくった人と使っていた人の深い思いがしみこんでいるんだね。道具にもこころがあって、自分をたいせつにしてくれる人のまごころに、こたえてくれるんじゃないかな。仕事がもっとうまくできるようにって。」


そして、この紡ぎ車で糸を紡いでいると、時間がとまったような気がすることがよくあるんだって。

「こんなにたくさん紡いだから、そろそろねる時間かしら」

って、母ちゃんが時計を見ると、時計のはりがほんの少ししか進んでいない。

「あらっ、たったこれだけの時間で、こんなにたくさん糸が紡げちゃったの？　なんだかゆめを見ているみたいだわ。」

この紡ぎ車で紡ぎはじめると、いつもこんな感じなんだって。母ちゃんは「魔法の紡ぎ車」って呼んでる。

「この紡ぎ車を回していると時間の流れがかわるのね。なにかにむちゅうになっていると時間のない世界に行けるのかもしれないわ。」


うちでは近ごろ、モノがよく消えたり、またあらわれたりするんだ。

デッキのサンダルが、ある朝、かたほうだけなくなってた。父ちゃんは、

「風で飛ばされたんだろう」

って言って、うちのまわりをくまなく探したけど、見つからない。

「リスかカラスがもってったのよ」

って母ちゃんは言って、父ちゃんもなっとくして、探すのをやめた。

それからしばらくたって、父ちゃんが、玄関のまき棚に積んであるまきを運んでいたら、まき棚の下からそれは出てきた。

「えっ！　なんでこんなところから出てくるんだぁ？」

父ちゃんはすごくおどろいた。そのまき棚の下は、たきつけを入れてある重たいかごとかべにかこまれていてすきまがない。リスやカラスだって、ここには運び込めない。

「おかしいわね。サンダルが自分で、ここまで移動したのかしら。」

「まさか、そんな…」

父ちゃんは、わけがわからないって顔してた。ただ、サンダルを見つけたとき、そのサンダルが、

「どう、うまくかくれたでしょう？」

って言ってるみたいな気がしたんだって。まるで、かくれんぼをして遊んでるこどもみたいにね。

べつの日、ゆき姉ちゃんのおふとんの上に、板きれが落ちていた。

「なにこれ？　これ、なんの板？」

って母ちゃんがびっくりしてさけんだ。

ゆき姉ちゃんは、

「だれか、これ、早くなんとかしてー」

って、すがるような目でうったえている。

父ちゃんもおどろいて、いろいろしらべてわかった。それは、ピアノの上に置いてある引き出しのうしろについている板だった。板がはずれて落ちたのなら、ピアノのうしろに落ちるはずなのに、なぜか、はな

れた場所にある、ゆき姉ちゃんのおふとんの上に落ちてた。ゆき姉ちゃんが、自分で運ぶことはありえない。ピアノとうしろのかべのあいだには、ほんのわずかしかすきまがないから。

「まさか、これもしゅんかん移動？」

それから、少しして、母ちゃんが使っている小さなマキジャクが、引き出しのなかからとつぜん消えてしまった。この話は、ちょっとふくざつだから、よくきいてね。母ちゃんはきちょうめんな性格だから、糸紡ぎやはた織りで使うものは、きちんと整理整とんする。使ったモノは、かならずもとの場所にもどしている。よく使うマキジャクは、ふたつ買ってあったんだけど、先にかたほうのつまみがなくなってしまった。これをテープでなおして使っていたんだ。こわれてないのとこわれてなおしたのと、ふたつ並べてしまっておいたら、こわれてないほうがとつぜん消えた。

「おかしいわねー、どこかに置き忘れたのかしら?」

って言って、なおしたほうを使っていた。

しばらくして、引き出しをあけると、こわれてないほうがちゃんと置いてあって、こんどは、なおしたほうが消えていたんだ。

「入れかわったわ!」

そして、また数日後、たまたまその引き出しのとなりの引き出しをあけると、なんと! そこに、なくなっていたほうのマキジャクがポンと置いてある。それを見たとき、マキジャクがにこっと笑ったように見えたそうだよ。こうして、いままた、マキジャクは引き出しのなかに、仲よくふたつ並んでいる。


いまになって考えてみると、最初につまみがなくなっていたのもふしぎなんだ。気づいたときには、なかったからね。それに、そのなくなったつまみがどこにも見あた

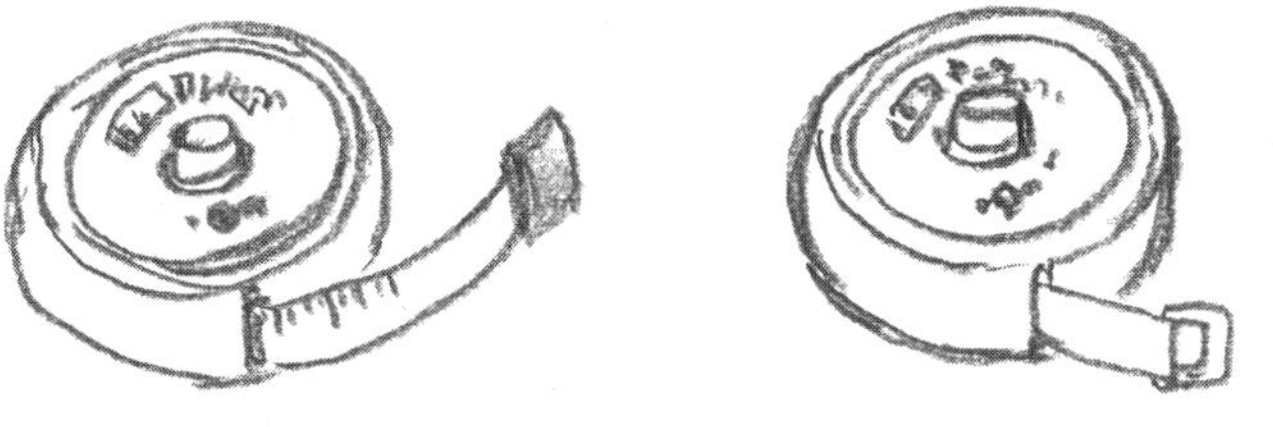

らないから。ふたつの見わけができるようにしたのかな？

父ちゃんは、うで組みをして、しばらく考えてから言った。

「ラクゴに、質屋《しちや》の蔵《くら》のなかで、夜なかに、ハオリとオビが相撲《すもう》をとる話があったなぁ。あれと似てるんじゃないか。ん？　ちょっとちがうか。」

母ちゃんは、マキジャクに遊んでもらったと思っているみたいだよ。あたしたちが、いつも楽しく遊んでいるから、サンダルも板きれもマキジャクも、みんないっしょに遊びたかったんだね。

もう少ししたら、母ちゃんはモノともア・ウンの仲になれるかもしれないね。出かけたときに、

「あっ、オサイフ忘れた！」

って言ったら、オサイフが、

「ハイハイ、いま行くよー」

って、母ちゃんのところに来てくれるんじゃないかな。

鳥とリス

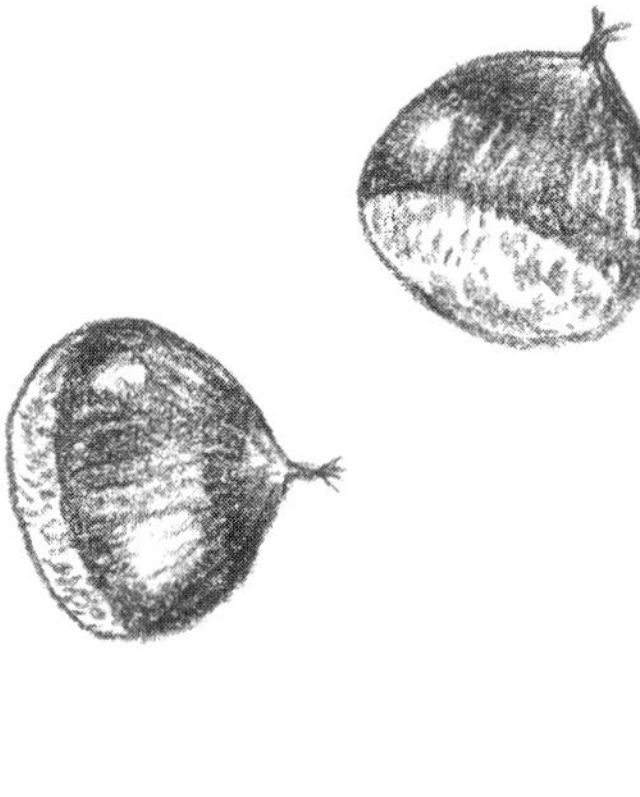

雪がふって、森に食べものが少なくなると、母ちゃんが出すヒマワリのたねやアサの実やクルミ目当てに、いろいろな鳥がつぎからつぎに来るようになる。小さな鳥たちは、木の枝にとまって、エサ台があくのをおぎょうぎよく待っている。でもなかには、ひとり占めしようとして、ほかの鳥が近づくと羽を広げて、「あっち行けー」ってやるのもいるし、二羽で飛び立って空中戦をやるのもいる。自分よりちょっと大きい鳥のかげにかくれるようにやってきて、おこぼれにあずかっているちゃっかりものもいるよ。エサ台には来ないで、地面に落ちてるたねをまめまめしく探す鳥もいる。それぞれ性格がちがうから、一日じゅう見ていてもあきないよ。母ちゃんはいっぱい写真をとって、日々エサ台でくり広げられるドラマを楽しんでいる。

そして、事件は起きる。

あたしが部屋のなかでいい気持ちでいねむりしていると、とつぜん、ゴン！て、ガラスになにかがぶつかった。窓の外を見ると、鳥が一羽、デッキの上でコロコロと転げ回っている。

「あっ、コガラだ！」

父ちゃんが言った。しばらく、苦しげに羽を小きざみにふるわせていたけど、やがて動きがピタッととまってしまった。

「庭に埋めてやろう。」

父ちゃんはため息をついた。

「ちょっと待って！　まだ生きているかもしれない。」

母ちゃんは、手を合わせた。そうして、しんぼう強く待った。しばらくすると、コガラは目をあけて、「なにが起こったんだろう？」って顔をしながら、ボーッとしていたけど、だんだんと目に光がもどってきて、それからキョロキョロあたりを見回したあと、最後に、なにごともなかったかのように飛び去っていった。

「よかった！」

母ちゃんたちは、ホッとむねをなでおろしてた。

こんなふうに、ピューッと飛んできた鳥が、窓ガラスにぶつかっちゃうんだ。空がまっ青で雲ひとつない日には、ガラスに青空と木が映っているから、ガラスの向こうにも森が続いているってかんちがいしちゃうんだね。

シジュウカラっていう鳥がぶつかったこともあった。デッキに落ちて動かなくなったとき、ほかの鳥たちが枝からおりて集まってきた。動かないシジュウカラをとりかこむようにして、すぐ近くでジーッとようすを見ていたよ。けれども、しばらく待っても、そのシジュウカラは起きあがらなかった。それを見て、ほかの鳥たちはみんな飛び去っていった。もう生きかえらないって、わかったんだね。そのときは、父ちゃんが庭の大きな木の根もとに埋めてあげたよ。羽の色がとってもきれいで、からだは、まだほんのりあたたかかったって。

ちょっと冷えこんだ朝、どこか高いところからトントン、トントンって音がきこえてくることがある。はじめてこれをきいたとき、あたしは宇宙人しゅうらいか、と思ってトイレに逃げこんだの。だって空のほうからぶきみにきこえてきたんだもの。

天井近くの高い窓から外を見た父ちゃんが、

「あっ、いつものアオゲラが来てる」

って言いながら、下の窓ガラスをコツコツたたく。それでも、アオゲラが気づかないので、こんどは、おもいっきり大きな音が出るようにガラス窓をあける。するとアオゲラは、

「しまった、見つかった！」

って感じで、あわてて飛んでいっちゃうよ。飛び去りながらケケケーッ、ケケケーッって、妖怪みたいな声を出すんだ。アオゲラって、きれいな羽色をしたキツツキの仲間なんだって。うちには、キツツキがあけた穴がいくつかあるけど、そのままになってる。ご近所でも、かべが穴だらけになってるおうちがいくつもあるね。

「でも、しかたないわ」

って母ちゃんは言ってる。

「もともとキツツキたちのすみかだったところに、人間が勝手に家をつくっちゃったんだから。おうちを奪われたキツツキたちが穴をあけるくらい、かわいいものよ。」

父ちゃんも、

「そうだなぁ。キツツキが穴をあけて木を枯らすって話も、じつはぬれぎぬらしいよ。ほんとうは、虫に食べられて、枯れそうになっている木を助けているんだって。」

キツツキは木のお医者さんなんだね。あたしも、キツツキたちがのんびり子育てしてる森が好き。いろんな木があって、いろんな生きものたちがくらしている森が楽しいものね。

うちの庭の木には、鳥用のおうちがかけてある。春になってあたたかくなってくると、鳥たちがよくのぞきにくる。そして、しばらくするとおうちのかり手が決まるよ。毎年かならずシジュウカラなんだ。

「今年もヒナの顔が見られるわねー」

って母ちゃんの声がはずむよ。

そして、ゆき姉ちゃんのブラッシングをねんいりにするようになる。ゆき姉ちゃんの毛は、やわらかくて長いんだ。すぐに、両手いっぱいに毛がたまる。そのフワッフワの毛のかたまりを、小石でおさえて置いておく。しばらく、窓ガラスごしに見ていると、いろんな鳥たちが、それを少しずつくわえては飛んでいくんだ。翌朝には、きれいになくなってるよ。あたしの毛はかたくて短いけど、これを気に入ってくれる鳥もいる。あたしの毛も使ってくれるなんて、うれしいなぁ。

シジュウカラは、おうちのゆかに、まず、やわらかなコケをたっぷりしきつめてから、その上にあたしたちの毛を少しずつ運んでは、ねんいりに積みあげる。そうやってフカフカのベッドがようやくできあがるんだ。それから何日か過ぎると、シジュウカラの母ちゃんと父ちゃんは、こんどは、青虫や毛虫やクモなんかをくわえて、一日に何回も出たり入ったりをくりかえすようになる。ヒナが飛べるようになるまで、毎日エ

サを運ぶんだ。

その日がくると、シジュウカラの母ちゃんと父ちゃんは、もっといそがしくなる。おうちの外に出て、なかのヒナたちに、「外は気持ちいいよー。広くて明るいよー。早く出てみようよー」って呼びかけるんだ。何度もくりかえし、しんぼう強く呼び続ける。でも、ヒナたちは顔を出さない。ホカホカとあったかくて、毎日、ごはんを運んでもらえる安全なおうちから、どんな危険が待ってるかわからない外へなんか、なかなか出られないよね。でも、母ちゃんと父ちゃんには、それをやらなきゃいけないんだってことが、だれからも教わらずにわかっている。だから、ねばり強くヒナたちを呼び出すんだ。

母ちゃんとあたしが、ヒナが出てくるのを「いまかいまか」と待っていると、とつぜん、ヒナが一羽、飛び出してきた。

「あっ、だめ、落ちる！」

ってあたしは思った。けど、そのコは、なんとか近くの木のみきにしがみついた。ホッ！　羽の色がまだボヤッとしてて、顔がいかにもこどもって感じ。それを見た、シジュウカラの母ちゃんと父ちゃんは、少し先の枝に移って、また呼び続ける。

「ここまで、自分の力で飛んできなさい！」

そのコはしばらくボンヤリしてたけど、こんどは少しじょうずに飛べた。

そうやって、一羽ずつおうちから出てくると、しばらくキョロキョロしてる。はじめて見る外の世界をたしかめているみたい。外に出たヒナたちは、近くでピーチク言いあっていたかと思うと、父ちゃんをせんとうにして、そろって森の奥へと飛び立っていったよ。


けれど、おうちのなかには、まだ一羽残っていたんだ。まるで、生まれたときのあたしみたいに。シジュウカラの母ちゃんは、もう声がかれちゃうよ、っていうくらい、丸一日呼び続けて、とうとう夕がたになってしまった。

「大丈夫かなあ」

って見ていると、最後の一羽は、フラフラッと飛び出して、そのまま地面に落ちてしまった。ずっと見ていたうちの母ちゃんは、いっしゅん、助けようかと思ったんだって。でもやめた。トンビやタカやキツネに食べられちゃうかもしれないけど、人が手を出しちゃいけないんだ。見守るしかない。

ヒナは、自分で飛ぼうとするんだけど、そのたびに落ちてしまう。何度目かに、庭に積んであるまきの上に落ちた。そして、そのままズルズルと、まきのなかに入ってしまったんだ。母ちゃんは、ようすを見にいった。そしたら、まきのすきまから、ヒナのやわらかそうなむねのうぶ毛が見えていた。まもなく日がくれてしまう。鳥の母ちゃんは、ほかのヒナたちが飛んでいったほうへ飛び去ってしまった。飛べなかったヒナは見捨てられしまったのか？　あたたかくなったとはいっても、夜は、まだストーブをたくくらい冷えこむ。

「こごえてしまわないかしら。鳥のお母さんは、ヒナがまきのなかにいることに気づいてくれるかしら」

って母ちゃんは思った。

つぎの朝になると、また、シジュウカラの母ちゃんの呼び声が、高らかにきこえている。見ると、母ちゃんがまきの上にとまって、なかにいるヒナに青虫を運んでいる。すごい！　見捨てたりなんかしないんだ！　母ちゃんは何度も青虫や毛虫を運んでは、さそい続けている。

お昼ごろになって、やっとヒナは、まきのなかから出てきた。危なっかしく飛んで、なんとか近くの木のみきにつかまることができた。そして最後には、母ちゃんと連れだって、森の奥へ飛び去っていった。

寒くなって、エサを食べにくるのは鳥だけじゃないよ。リスもよくやってくる。

リスは、エサ皿のふちに、うしろ足の長いつめをきようにひっかけてチョコンとのっかってる。フサフサとしたしっぽを背なかにくっつけるようにして、エサ皿のなかのたねをむちゅうで食べてる。ヒマワリのたねを両手でもって、ちゃんとカラをとって、なかみだけを食べるんだけど、目が回るようなはやわざ。クルミはリスの大好物で、両手でクルクル回しながら、おいしそうにカジカジしてるよ。動きがはやくて、ちょっとせわしないけどね。

ときどき、そのセカセカした動きがピタッととまるんだ。そして、クルミを置いてかた手をむねにあてて、じっとかたまっちゃう。あたりのようすをうかがって、まん丸のちっちゃな目に森のけしきが映ってる。

けいかいのポーズなんだって。森の上空をトンビやタカが飛んでることがあるからね。しばらくすると、危険が去って、とまってた動画がまたはじまるみたいに動きだす。

そんなふうに、リスがいっしょうけんめい食べてると、山のほうからもうれつな風がピューッと吹いてくることがある。それは、氷のように冷たい風なんだ。てっぺんに大岩のあるゴツゴツした高い山から、その風は吹きおりてくる。この山を、カゼノサブロウダケって呼んでる人もいるみたい。ときどき、ものすごい風が吹いてきて、木や家をザワザワギシギシいわせると、

「あっ、またカゼノサブロウさんがおりてきて走り回っている」

なんて、言うそうだよ。

この冷たい風が、これでもかってくらいリスに吹きつけるんだ。リスのピンと立った耳の先っぽに、長くのびてる毛が、ま横にたおれてふるえてる。リスはしばらく目をとじて、風がおさまるのをじっと待っている。

さんろくでは、ときどきなにもかも吹き飛ばしてしまうかと思うくらい、風があばれることがあるんだよ。ゴゥーゴゥーとうなるように吹き荒れて、庭の木がみんなたおれそうなほど右や左にかたむいてる。小枝がたくさん吹き飛ばされて、窓ガラスにあたって、バチバチ音をたてる。おうちがミシッ、ミシッとゆれる。そんなときは、あたしたちは風が通り過ぎていくのをただじっと待つんだ。

風がやんだつぎの朝、それまで見たこともないような、すんだ青空が広がっている。あのすさまじい風が、雲をすべて吹き飛ばしたんだ。チリやホコリやよごれたものも、みんないっしょに吹きはらってくれた。森の空気がかんぜんに入れかわったのがわかるよ。きのうとおんなじ森のはずなのに、まったくちがって見えるんだ。小川の水も草も木の葉の一枚一枚までもが、みんな生まれかわったみたいにきれいになって、よろこんでいるよ。

リスは雪遊びが大好き。雪が積もったときは、雪のなかをもぐって遊んでいるよ。ススススーッて雪がもり上りながら動いていって、ピョコンと顔を出すんだ。

小高くつもった雪の山に、頭からとび込むこともあるよ。そして、雪の山の向こうがわから、ピョンととび出す。それから、クルッと向きなおって、自分がぬけ出した穴をのぞきこむ。まるで、自分のつくった雪のトンネルのできばえを、楽しんでいるみたいにね。

あたたかくなって雪どけまぢかになると、リスたちは何匹かで追いかけっこをしているよ。そのうちに、二匹だけが残って追いかけっこが続く。はじめは、一匹がもう一匹を追いかけているんだと思ったけど、よく見てると追いかけたり追いかけられたりをくりかえしてる。あっちの木こっちの木、枝から枝へと走り回る。かと思うと、くりの木のみきで向かいあって、おたがいにシッポをふってダンスをしてみたり。おひさまが西にかたむくころ、ふと気づくと、大きな枝の上で二匹が見つめあってすわっているのが見える。なんだか、とーってもあったかくて幸せそう。

木々の葉のみどりが色こくなるころには、リスのこどもたちに会えるかな。

鹿

雪が積もった日の朝は、いちめん銀色のけしきのなかで、冷えた空気に毛穴がキュッとちぢこまる。大きな木のあいだから、おひさまの光がスーッとひとすじさしこんできて、そこに小さな光のつぶがおどっている。積もった雪が、青空を背に目がいたいくらいに白い。

そんな日の朝さんぽは、だれも歩いていないサラサラの雪をふみながら歩く。いや、ちがった。鹿の足あとが、道にてんてんと続いている。しずまりかえった朝の森を歩いていると、しげみのなかをなにかが動いている。鹿だ！　あたしがさけび声をあげると、大きな目でこちらをじっと見つめる。近づいていくと、キューンというするどい鳴き声をあげて、いっせいにかけだす。森のなかを鹿たちが走りぬけていくのは、すっごい迫力がある。岩も小川も軽々飛びこえていくよ。

ある日、みんなで近くの牧草地にさんぽに行った。

鹿が一頭、広い草原で草を食べているのに出会った。いつもなら鹿を見ただけで、大声でさけんじゃうんだけど、なんだかようすがおかしい。少しずつ近づいてもぜんぜん逃げない。いつのまにか、鹿の目の前まで来てしまった。よく見ると、からだが骨と皮のようにやせていて、毛があちこちぬけている。そして、ハエがいっぱいむらがってる。ヨロヨロ歩いていて目がうつろ。近づいたら逃げてほしいのに、向こうから近寄ってくるんだ。草地からわざわざ道に出てきて、目の前でとまる。母ちゃんは、なにか病気があたしたちにうつるのがこわいので、早く遠くへ行ってほしいって思っている。それなのに、草原をひとまわりしているあいだ、ずっとあたしたちについてきてはなれない。

「さようなら、元気でね！」

って、別れを告げても、どうしても立ち去らない。ついにあたしは、その鹿と向き合ってすわってしまった。

「めいちゃんが動かなくなっちゃったよ。」

父ちゃんが、困った顔して言った。ゆき姉ちゃんを連れた母ちゃんは、立ちどまってあたしのほうをじっと見てた。

鹿とあたしは、しばらく見つめあった。鹿のこころの声が、あたしの頭のなかにひびいてきた。もうすぐ向こうへ旅立ってしまうことがわかっているから、どうしても伝えたかったことなんだ。

「うん、わかったよ。ありがとう。」

あたしも、こころの声でこたえた。

鹿は、ゆっくりと森のほうへ歩きはじめた。あたしたちは、鹿の姿が森のなかに消えていくまで見送った。

なにを話したのかって？　それはまだ言えない。鹿と約束したんだもの。いつか、母ちゃんと父ちゃんにも、きっとわかる日が来ると思うよ。

あれは、森にまだ雪が残っている寒いころのことだった。ある朝、ゆき姉ちゃんとあたしは、父ちゃんとさんぽに出た。いつものように坂道をくだっていくと、あたしはすぐに気配を感じた。

谷の近くには、一本の線路が通っていて、たまーに小さな列車がコトコト走っている。線路の上を歩いている鹿やキツネを見つけると、ときどきピィーっていう大きな音を鳴らすんだ。その線路の手前は草地になっているんだけど、そこになにかがじっと丸くなっているのがわかった。父ちゃんに、

「あそこに、なにかいるよ」

って合図したんだ。父ちゃんは、いつものように、はな歌をうたっていてぜんぜん気づかない。あたしが、「あれ、見てよー」ってさわいだんで、草地のほうを見た。父ちゃんは目がわるい。めがねの奥で、いっしょうけんめい目を細めたりしてた。

「あれ、なんだ？　あんなところに岩なんかあったか。」

そんなこと言いながら、あたしたちは、その大きな茶色のかたまりのほうへ近づいていったよ。そしたら、とつぜん、そのかたまりの一部がのびあがった。父ちゃんはギョッとして立ちどまった。

「あっ、鹿だ！」

うずくまるようにすわっていた鹿が、頭をあげてこっちを見たんだ。

「おい、どうした？　動けないのか」
って父ちゃんは言った。鹿はぼんやりした大きな目で、こっちを見つめるだけだった。

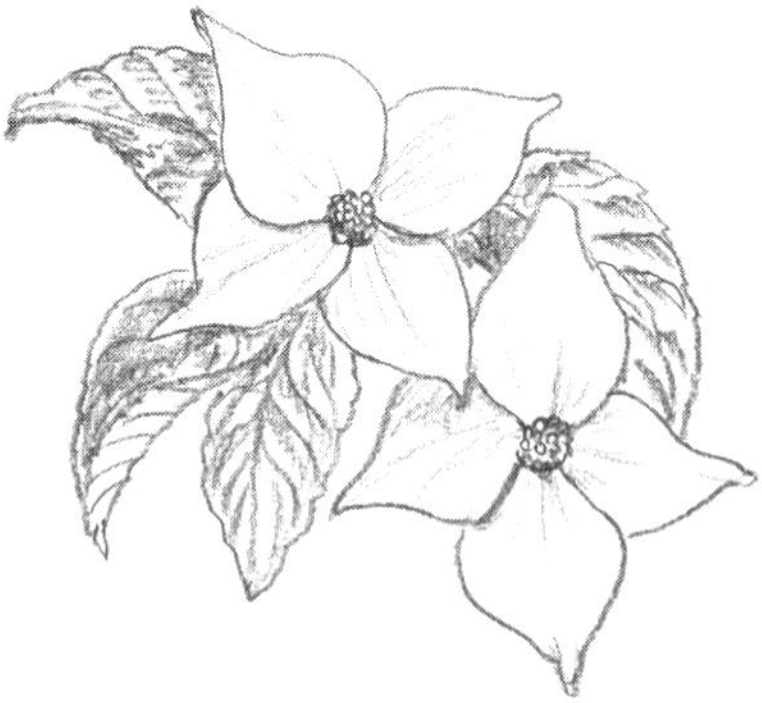

「けがしてるんだ！」
よく見ると、うしろ足が二本ともへんな向きに折れていて、骨がとび出してブラブラしてる。もう立ちあがることもできないんだ。

うちにもどった父ちゃんは、保健所っていうところに電話した。しばらくして、軽トラックにのった人がふたりやってきた。その人たちは、父ちゃんからくわしく話をきくと、また軽トラックにのりこんだ。父ちゃんが、

「どうするんですか?」

ってきくと、ひとりのおじさんがこたえた。

「ボクサツです。来ないでください。見ないほうがいいですよ。」

そして、坂をおりていった。しばらくすると、軽トラックがもどってきた。荷台の青いビニールシートから茶色の毛がチラリと見えていた。父ちゃんは、その日はずっと元気がなくて、ぼんやりしていたよ。


これはべつのときの話なんだけど、まったくおんなじ場所に、また茶色のかたまりがあるのを、こんどは母ちゃんが見つけた。遠くから見ると、大きなイヌがすわっているように見えたよ。母ちゃんはこわがりだから、自分では見にいかない。あとで、父ちゃんに行ってもらった。やっぱり鹿だったけど、もう冷たくなってた。保健所に電話しようかどうしようか、迷っているうちに一日が過ぎてしまった。

つぎの日、見にいってみると鹿がいない。

「あれ？　おかしいな」

と思ってあたりを見回すと、少しはなれた草地にバラバラになっていた。そして、そのつぎの日、足一本だけ残してあとかたもなく消えていた。血のあとさえ残されていなかったんだ。

さんぽのとちゅうで、鹿の足だけが道のまんなかに落ちているのを見つけることもあるよ。イノシシのアゴと歯が落ちていたこともある。トンビやタカが、運んでいるとちゅうで落としたんだ。


生きものたちは、なにひとつむだにしないんだね。鹿だって、ちゃんとそのことを知っている。みんなひとつにつながっていることを知っているから、死をおそれたりしない。死んだあとのことも心配なんかしないんだ。

大雪

さんろくでは雪がふることはあっても、そんなにたくさんはつもらないよ。これまで一番つもったときでも、母ちゃんのひざ丈くらいかな。ところが少し前、バレンタインごう雪、って言われている大雪がふったんだ。

その日は、朝から暗かった。雪は少しずつふりはじめていた。母ちゃんも父ちゃんも、いたってのんきだし、とくに母ちゃんは雪が大好きだから、なんだかウキウキしていたね。バレンタインデーだから、お昼にはチョコマフィンをつくったよ。ラム酒づけの山ぐりとくだいたアーモンドをたっぷり入れてね。

母ちゃんのつくったお菓子って、どれもおいしいよ。うちのまわりでとれた山ぐりが入ってるからなんだ。

「大地のめぐみ」

って母ちゃんは、いつも言ってる。

つくりかたを知りたい人には、よろこんで教えてい

るけど、ほんとうにたいせつなのは、レシピとかいうつくりかたじゃないらしい。

「どうしておいしいのかって？　それはね、妖精のコナをひとふりしているからなんだ」

って父ちゃんがそっと教えてくれた。

妖精のコナをかけ忘れるようになると、どんなに人気のあるレストランでも、お客さんがはなれていくらしいんだ。食べ物だけじゃなくてなにをつくるときでも、このコナをふりかけると、目には見えないけれど、うちがわから光るような魅力が生まれて、みんなそれが大好きになるんだって。このコナのひみつは、「ゴキゲンさん」にあるんじゃないかな？


おいしいマフィンをみんなで食べているうちに、雪はだんだんと強くなってきた。夕がたのさんぽでは、雪が深くて、父ちゃんも途中でギブアップ。

「だめだ。この先は歩けないよ。あした、除雪車《じょせつしゃ》が来ないと無理だ。もどろう」

母ちゃんは、

「こんな大雪は、生まれてはじめてだわ！」

って、ちょっとこうふんぎみだったよ。父ちゃんも調子にのって、

「今夜は、雪見酒としゃれこみやしょう。」

なんてうれしそうに言ってた。

暗くなると、雪はさらにいきおいをましてきた。父ちゃんはデッキや庭の明かりまでつけて、雪をながめながら、

「いやあ、風流でげすね」

って言いながら、お酒をチビチビやってたよ。

あたしたちは、テイキアツとかって、雨や雪をふらす空気のかたまりが近づいてくるのがちゃんとわかるの。キショウチョウとかいうところのニュースをきかなくてもね。自分のなかにある、生きたカンがしぜんにはたらくんだ。人間て、このカンがさ

びついちゃってるから、かんじんなときにまがぬけちゃうんだ。だから父ちゃんは、翌朝、とんでもない世界を目にすることになるとはつゆ知らず、のんきにのんだくれて、ねちゃったよ。

つぎの日の朝、ねぼけまなこで起きてきた父ちゃんは、一階の窓のカーテンをあけたしゅんかん、コトバを失った。おうちがすっぽり雪に埋まっちゃってたから。デッキは、地面から人の肩くらいの高さにあるんだけど、それよりずっと高く雪がつもってたよ。母ちゃんがお風呂場に行ってみると、窓の外は雪のかべでまっ白だった。まき小屋とその前にとめてある車はかんぜんに雪で埋まり、小高い山がふたつできていた。これを見て、のんきな母ちゃんたちも、さすがにあせったみたい。

この日一日、あたしたちはおとなりにも行けないし、近くの国道は、はるかかなただった。雪かきは、玄関前をほんの少しやっただけで、父ちゃん、はやダウン。自分の背より高い雪のかべを、スコップでくずしていくんだけど、その雪を捨てる場所がない。あたしも元気よく外にとび出して、得意の前足シャベルで、おもいっきり穴をほってみた。母ちゃんは、

「めいちゃん、手伝ってくれるのー」

ってかんげきしてたけど、じっさいには、小さな穴をほっただけ。テヘへ。

いっしょうけんめい雪かきをやっているとき、おとなりのお母ちゃんが、声をかけてくれた。高い雪のかべのはるか向こうから、両手をおもいっきりグルグル回しながら、大きな声で呼びかけてくれた。

「おおーい！　大丈夫ですかー、生きてますかー、すごーい雪ですねー、がんばりましょー」

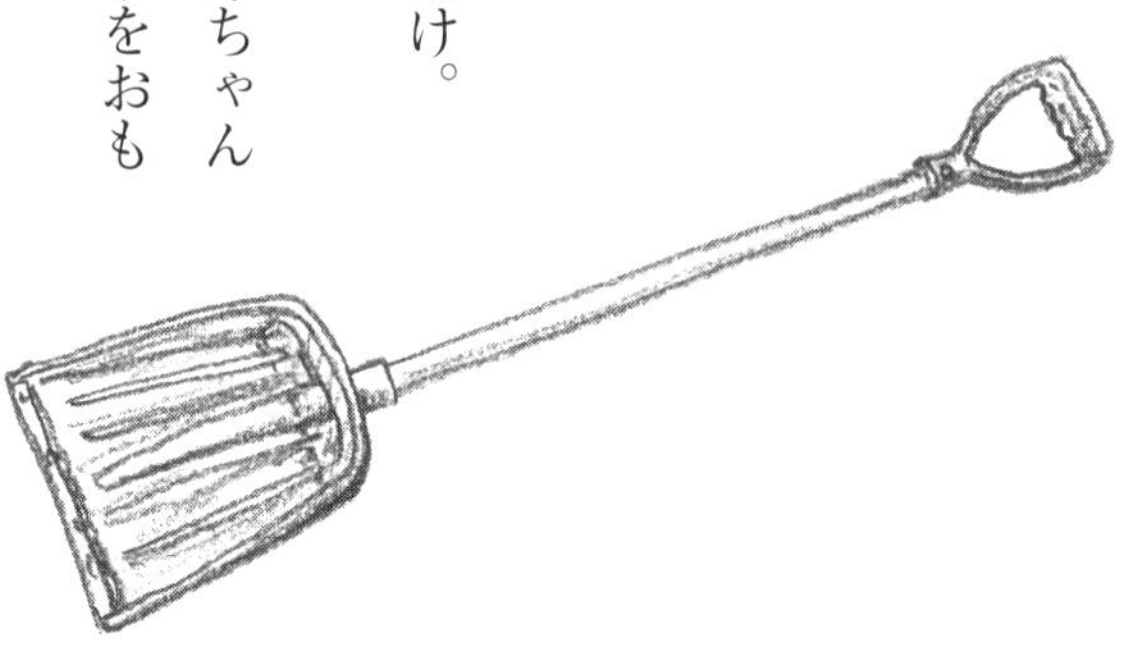

「ありがとーございまーす。なんとか生きてまーす」

って母ちゃんはこたえてた。おとなりのお母ちゃんは、こんな大雪でもすっごく陽気で元気だった。っていうか、こんな前代未聞のごう雪を、楽しんじゃってる感じだったよ。母ちゃんていうイキモノは、いざっていうとき、きもがすわってるんだね。

いちど部屋にもどって、母ちゃんのつくったきなことごまのアベカワモチを食べた父ちゃんは、がぜんパワーアップした。夕がたまでかかって、ぐるーっとうちを一周する道をつくった。ヘラヘラ父ちゃんにしてはがんばったよ。

ところが、父ちゃんが、あとかたづけをしてうちに入ろうとしたそのとき、ごう音とともに屋根に積もった雪がなだれ落ちてきて、あっというまに道をふさいじゃったんだ。父ちゃんは、しばしぼうぜんとしてた。でもそのままにはしておけないから、暗くなるまでにはなんとかまた道をつけた。

父ちゃんは、いつもはな歌をうたったり、シンショーさんとかいう、じっちゃんの

ものまねばかりやってるのに、このときばかりはかんぜん無言だった。母ちゃんも心配して、

「休み休みやったら」

って言ったけど、ひとこと、

「大丈夫」

って言ったきり、もくもくとスコップを動かしてたよ。でもそのおかげで、さんぽに行けないゆき姉ちゃんとあたしは、この細い道を行ったり来たりして、さんぽのかわりができたんだ。


けっきょくこの日は、期待していたジョンディアとかって、みどり色のでっかい除雪車は来なかった。

「どうしたんだろうね」

って母ちゃんたちは話してた。まさか、国道も県道もかんぜんにまひしていて、通

行どめになってるなんて、ゆめにも思わなかったみたい。ラジオのニュースで、このことを知った母ちゃんは、びっくりして父ちゃんを呼んだ。

「なんかたいへんなことになっているみたいよ。」

「じたばたしてもしょうがない。なるようになるよ。さいわい食べものも水も十分にあるし、まきストーブがあるから、こごえることもないしね。」

母ちゃんたちは、三・一一の大地震のあと、食料と水を納戸にたくさんおいているみたいだよ。

「そうね。あしたになれば状況もかわってるわね。」

ウルトラ楽天的な母ちゃんたちは、たいへんなときはこれにかぎるっていう、シジャクラクゴとかいうものをみて、笑いすぎてしまいになみだ流してた。母ちゃんは、むかし、トウキョウのヨセとかいう場所で、モモタロウさんって人のラクゴをきいて、笑いすぎて呼吸困難になりかけたことがあるんだって。命がけで笑ってるなんて、あたしにはちょっとわからないなぁ。

ちなみに、うちにはダンボール箱みたいな小さなふるーいテレビがあるけど、アンテナがないからテレビは映らないんだ。ラクゴとトラさんをみるときだけ、父ちゃんが二階の納戸の奥から、このまっ四角な箱を出してきて、べつの平べったい箱とビニールのひもでつなぐよ。それから、母ちゃんを呼ぶ。

「おーい、じゅんびできたぞー。」

すると、母ちゃんがコーヒーとかいう黒いお湯の入った茶わんと、お菓子をのせたおぼんをもってあがってくる。そして、父ちゃんが並べた椅子に仲よく

すわってみている。そのとき、あたしはどこにいるかって？　母ちゃんの足もとのおふとんの上。あたしは、ラクゴもトラさんもみないよ。ねらいは…言わなくてもわかるよね。あっ、ゆき姉ちゃんは、どうしてるかっていうとね、二階には来ないんだ。がけのぼりも得意なのに、なぜか二階にはあがれないみたい。きっと、だれにも言えない深いわけがあるんじゃないかな。

さて、このあとどうなったかっていうとね、大雪のえいきょうはよそう以上にすごかったよ。除雪車がやってきたのは、なんと、つぎのつぎの日だった！　これでようやく、さんぽにも行けるし、国道にも出られるようになった。

「助かった！」

って父ちゃんは言った。うちから歩いてすぐのところまで出るのに、丸二日かかったんだ。

でも、よろこんでばかりもいられなかった。一番近いコンビニまで、車でようすを見に行った父ちゃんが、帰ってくるなり言った。

「食料品はほとんどないよ。入荷も未定だって。国道も除雪はされてるけど、道幅がきょくたんにせまくなってるから、対向車が来るとこわいね。」

このときの状況がどんなだったか、かんたんにまとめてみるね。


❇県内の大きな道路、ほとんど通行どめ。

❇近くのローカル線、全線不通。

❇市民バス、終日運休。

❇高速道路、県内全域通行どめ。

❇近くの国道、車千台以上が立ち往生。

❇孤立集落多数。

❇ 除雪した雪で道幅せばまり、対面通行不能。
❇ コンビニ、スーパー、食料品ほぼ空っぽ。入荷の予定立たず。
❇ 県内の病院、運営に支障。

こんななか、多くの人が雪かきのお手伝いに来てくれたり、自衛隊が灯油をいっぱい運んでくれたり、世界最強の除雪車をもっているニイガタケンの人たちがかけつけてくれたんだ。ありがとうございました。ペコリ。

毎日楽しく

あたしは、いつもゴキゲンさん。ときどき、おこることも、イラつくことも、これキライ！って思うこともあるけど、つぎのしゅんかんには忘れちゃう。忘れるっていいよ。

森を歩けば、かならず新しいぼうけんが待っているから、さっきあったことをクヨクヨするなんて、もったいないよ。森には、たくさんの生きものがくらしているから、たいくつなんてしていられないんだ。

ある朝早く、あたしは父ちゃんとさんぽしてた。すると、笹やぶのなかで、カサコソって音がする。と、つぎのしゅんかん、あたしはやぶのなかにとび込んでいた。

「めいちゃん、なにやってるの。」

父ちゃんが、おどろいてリードをとめた。あたしは、すぐにやぶのなかから頭を出した。

「め、めいちゃん、なにくわえてるの。」

父ちゃんの声がふるえてる。あたしは、小さくてやわらかくてあたたかいモノをくわえて、すっごい満足感にひたってた。あたしのなかの山イヌの血がフツフツとしている。

「めいちゃん、放しなさい！」

父ちゃんが、青ざめながらさけんだ。

「いくら父ちゃんでも、これはわたさないよ。あたしが自分でとったモノなんだから。」

あたしは父ちゃんに、こころの声で伝えたけど、父ちゃんは、すごくあわてていて、

「めいちゃん、おねがいだから放してよ」

父ちゃんが泣きそうだったから、つい、ポロッと落としてしまった。急いでそれを拾った父ちゃんは、リードを短くとめたまま、おもいっきりうでを伸ばして、やぶの

うんと奥にそれをそっと置いた。そして、あたしをだっこすると、ずんずん歩いて遠ざかった。

「あぁ、もったいないなぁ。最高のえものだったのに。」

かなりのショックを受けた父ちゃんは、うちに帰ってから、こうふんして母ちゃんにこの事件を話してた。

「しかたないわ。めいちゃんたちには、しぜんなことなのよ。」

それから、母ちゃんたちは、

「ナムナム…」

って、鳥さんに手を合わせてたよ。

あたしは、飛んでるハルゼミを空中キャッチすることも得意だよ。セミって香ばしくておいしいんだ。道に落っこちてるのは、もうふるいから食べない。ブーンて飛んでるくらい、生きのいいのが最高だね。あたしが、セミをムシャムシャ食べているときは、母ちゃんも父ちゃんも、あたしのほうを見ないようにしてる。セミの羽が、あたしの口のなかでパリッパリッと音をたてると、

「うっ！」

って、うめき声をあげたりしてる。母ちゃんたちも食べてみればいいのにね。

ゆき姉ちゃんは、自分がふんだ小枝がポキリッていうだけで、とびあがっておどろくくらいびびりなのに、穴にとびこんだモグラをしゅんかんキャッチすることができるよ。パッと空中にとびあがってから、はな先をモグラ穴にドンピシャリでつっ込んだと思うと、もう口にモグラをくわえてる。マズルの両がわから、かわいいピンクの手と足がピクピクふるえているのが見える。母ちゃんがひめいをあげると、その声にびっくりして、ポトッと落としちゃう。

つぎの日、そこを通りかかると、もうなくなってる。キツネかカラスがもっていってしまったんだ。

「ああ、よかった！」

って、母ちゃんはホッとしてるけど、あたしたちは残念でしょうがない。

暑いきせつには、草っ原でバッタがピョンピョンはねているから、いつまでも追いかけていたくなるよ。デッキの下には、青い小さなヘビが住みついていて、ときどきニョロニョロはいまわっているから、それも目がはなせない。ヤマバトもおいしそうだから、いつかつかまえようとねらっているんだ。

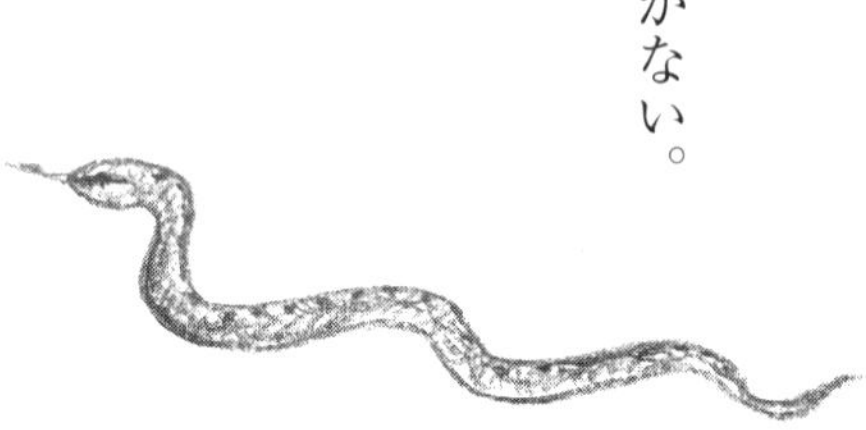

森でくらしていると、毎日のさんぽがワクワクドキドキの遊びだから、ゆき姉ちゃんもあたしもとくべつな遊びはしないよ。フリスビーとか、ボール投げとかね。ドッ

グランにも行かない。さんぽから帰ってくると、ごはんとおやつをもらうとき以外、ひたすらねてる。

あっ、でも、ばんけん活動だけはぬかりなくやってるよ。母ちゃんは、

「そんなにやらなくてもいいのよー」

って言うけど、これだけは、しぜんとからだが動いてしまうんだ。

ゆき姉ちゃんは自分のおふとんが大好きで、そこにいるときが一番安心するみたいだけど、あたしはその日の気分で、いろんなところにねるのが好き。そうやっていい気持ちでねていると、台所のほうから、母ちゃんがつくるお菓子のいいニオイがただよってくる。いそいそと台所に行くと、母ちゃんが楽しそうにお菓子をやいている。

山ぐりがたっぷり入ったいつものお菓子。

あたしがしっぽをブンブンふって見あげると、母ちゃんはにこにこして言うよ。

「めいちゃんにもあげるから、もうちょっと待っててね。」

お菓子をひときれもらうと、ゆき姉ちゃんもあたしも、またゴロッとおひるね。

あったかいひざしがお腹にあたってぽかぽかいい気持ち。

晩ごはんがすんだ母ちゃんと父ちゃんがお茶をのみながら、おしゃべりをはじめる。さっきまで、

「めいちゃん、かわいいね」

なぁんて言ってたのに、ふたりとも話にむちゅうになって、あたしのことをすっかり忘れてる。そうなると、あたしはおもしろくない。そんなとき、あたしがきまってはじめる遊びがあるんだ。

ストーブのたきつけ用の小枝とか、母ちゃんが紡ぎ残したワタのきれっぱしとか、そのへんにおいてある紙きれだとか、とにかく目についたものをくわえて母ちゃんたちのところへもっていく。すると、気づいた母ちゃんが言うよ。

「めいちゃん、それかえして。」

手を出して、あたしがくわえてるものを取ろうとする。そうすると、あたしは顔をそむけて取られまいとする。

「めいちゃん、おねがいだから、それかえして。」

母ちゃんは、また手を出す。こんどは、あたしは顔をそむけつつ、お手をする。

「あらっ、めいちゃんかわいいわねー」
母ちゃんはよろこんで、なでなでしてくれる。これでキゲンがなおったあたしは、最後にはすなおにかえす。すると、
「あらっ、めいちゃんおりこうねー」
って母ちゃんは、すっかり話をするのも忘れて、あたしのほうを向いてくれるんだ。

母ちゃんたちの気を引くには、この遊びが一番だよ。あたしが発明したこの遊びを、「それかえして遊び」って、母ちゃんたちは呼んでいる。

きょうは、朝から、おひさまが元気いっぱいかがやいてあったかい。いつものように、ゆき姉ちゃんとあたしは、母ちゃんとさんぽに出かける。くりの木の近くに来たら、頭の上のほうから、

「ピリリッ、ピリリッ」

ってするどい声がきこえてきた。見あげると、むねのところがあざやかな黄色の鳥がくりの木の枝にとまって、あたしたちを見おろしている。あたしたちが歩くのに合わせて、枝から枝に飛び移っては鳴いている。

「キビタキさん、みんなでそろって散歩するって楽しいわねー」

って母ちゃんが声をかけた。すると、その鳥は、うれしそうにこちらを見た。母ちゃんのコトバがわかってるみたい。

空はどこまでも高く青く、お山がくっきり見えている。お山のはるか上に、龍《りゅう》の姿をした雲が浮かんでいる。ギロッとした大きな目と、長いヒゲもあるよ。

「龍さーん、きょうもありがとう！」

母ちゃんは、そう雲にあいさつする。

「朝から、龍さんに会えるなんて、きょうはついてるわ！」

うちにもどると、みんなそれぞれ、自分の好きなようにすごす。

ゆき姉ちゃんは、自分のおふとんの上でクネクネ長くのびている。

そこに窓から、あったかいひがさしこんで、すぐにいねむりをはじ

めちゃう。

母ちゃんは、

「糸もたくさん紡いだし、きょうから織りはじめるわよー」

って言って、ゴキゲンに、たて糸をはたにかけはじめる。やがて、トンカラリパッタンってのんきそうな音がきこえだす。びびりのゆき姉ちゃんも、母ちゃんのはた織りの音だけは、ぜんぜん気にならないみたい。のどかなその音をこもりうたがわりにして、ゆめの世界に入っていく。

あたしはデッキに出て、なんにも考えずにただねそべっている。おひさまの光が、ゆれる木の葉のあいだからやわらかくさしこんで、たくさんの丸い玉になってふわふわとおどっている。

庭のポワポワした花に、大きなちょうちょがやってきた。羽がすきとおるような水色で、母ちゃんが大好きな

んだ。名前は…うーん思い出せないなあ。アサギ…なんとかっていうちょうちょだったかな。母ちゃんに知らせなきゃ、って思うけど、いま起きるのはめんどうくさいから、あとにしよっと。

おとなりのお父ちゃんが、しばかりきを押しはじめた。ウィーンウィーンっていう、ひくい音のうなりをきくともなくきいているうちに、なんだか、あたしもねむくなってきちゃった。

おだやかでやさしい風が、あたしのほほをなでるようにとおりすぎていく。じゃっ、ちょっと、ひとねむりするね……。

毎日、ゆき姉ちゃんとあたしは、朝早く森をさんぽして、ひるねして、母ちゃんと父ちゃんになでなでしてもらって、ひがしずむ前にもう一度さんぽしてから、ごはんを食べて、おなかいっぱいになってねてしまう。ただのくりかえしに見えるけど、一日だっておんなじ日はないよ。おひさまがのぼるたびに、なにもかもが生まれかわって、新しい一日がはじまるんだ。

森を歩いて、大きなくりの木の根もとに行って、じっと耳をすますとね、地面の奥深くから、くりの木が水を吸いあげてる音がきこえてくるよ。くりの木が地球とひとつにつながっていることがわかるんだ。地球だけじゃないよ。木は星ともお話しているんだって。宇宙ともつながっているんだね。だから、くりの木のみきにふれると、あたしたちも、地球や宇宙とひとつになれるんだ。

でもほんとうは、くりの木にたよらなくても、あたしたちはみんな、いつも地球や宇宙とひとつにつながっているんだけどね。それを忘れているだけなんだ。そのことを思い出したくなったら、ゆき姉ちゃんやあたしみたいに、はだしになって、地面を

ふみしめてみて。それから、くりの木みたいに両手を大きく広げて空を見あげてみて。自分は自分のままでいいんだ、今ここにいるだけですばらしい、って安心できるよ。そして天からは、あたたかくてまぶしい光がふりそそいで、ふんわりとやさしくつつみこんでくれるよ。なんとも言えない幸せな気持ちになれるんだ。

あっ、母ちゃんが呼んでる。さんぽの時間かな？　じゃあ、行ってくるね……

最後まで読んでくれて、ほんとうにありがとう。

めい

ゴキゲンめいちゃん森にくらす

 著者 のりぼう
りか

2018年1月18日　第1刷発行

発行所　㈲コスモス・ライブラリー
発行者　大野純一
〒113-0033　東京都文京区本郷 3-23-5　ハイシティ本郷 204
電話：03-3813-8726　Fax：03-5684-8705
郵便振替：00110-1-112214
E-mail：kosmos-aeon@tcn-catv.ne.jp
http://www.kosmos-lby.com/
装幀　河村　誠
装画・挿画　さげさかのりこ
発売所　㈱星雲社
〒112-0012　東京都文京区水道 1-3-30
電話：03-3868-3275　Fax：03-3868-6588
印刷／製本　シナノ印刷㈱
ISBN978-4-434-24243-4 C0011
定価はカバー等に表示してあります。

「コスモス・ライブラリー」のめざすもの

古代ギリシャのピュタゴラス学派にとって〈コスモス Kosmos〉とは、現代人が思い浮かべるようなたんなる物理的宇宙（cosmos）ではなく、物質から心および神にまで至る存在の全領域が豊かに織り込まれた〈全体〉を意味していた。が、物質還元主義の科学とそれが生み出した技術と対応した産業主義の急速な発達とともに、もっぱら五官に隷属するものだけが重視され、人間のかけがえのない一半を形づくる精神界は悲惨なまでに忘却されようとしている。しかし、自然の無限の浄化力と無尽蔵の資源という、ありえない仮定の上に営まれてきた産業主義は、いま社会主義経済も自由主義経済もともに、当然ながら深刻な環境破壊と精神・心の荒廃というつけを負わされ、それを克服する本当の意味で「持続可能な」社会のビジョンを提示できぬまま、立ちすくんでいるかに見える。

環境問題だけをとっても、真の解決には、科学技術的な取組みだけではなく、それを内面から支える新たな環境倫理の確立が急務であり、それには、環境・自然と人間との深い一体感、環境を破壊することは自分自身を破壊することにほかならないことを、観念ではなく実感として把握しうる精神性、真の宗教性、さらに言えば〈霊性〉が不可欠である。が、そうした深い内面的変容は、これまでごく限られた宗教者、覚者、賢者たちにおいて実現されるにとどまり、また文化や宗教の枠に阻まれて、人類全体の進路を決める大きな潮流をなすには至っていない。

「コスモス・ライブラリー」の創設には、東西・新旧の知恵の書の紹介を通じて、失われた〈コスモス〉の自覚を回復したい、様々な英知の合流した大きな潮流の形成に寄与したいという切実な願いがこめられている。そのような思いの実現は、いうまでもなく心ある読者の幅広い支援なしにはありえない。来るべき世紀に向け、破壊と暗黒ではなく、英知と洞察と深い慈愛に満ちた世界が実現されることを願って、「コスモス・ライブラリー」は読者と共に歩み続けたい。